MORE MURDEROUS MATHS
BY KJARTAN POSKITT

Copyright © 1998 by Kjartan Poskitt
Translation copyright © 1999 by Gimm-Young Publishers, Inc.
All rights reserved.

This Korean language edition is published by arrangement with
Scholastic Ltd., London through Eric Yang Agency, Seoul.

앗, 이렇게 재미있는 수학이!

수학이 또 수군수군

샤르탄 포스키트 글 | 대니얼 포스트게이트 그림 | 이충호 옮김
김용운(수학자, 한양대학교 수학과 명예교수) 추천

주니어 김영사

수학이 또 수군수군

1판 1쇄 인쇄 | 1999. 4. 30.
개정 1판 1쇄 발행 | 2019. 12. 5.
개정 1판 6쇄 발행 | 2025. 5. 2.

샤르탄 포스키트 글 | 대니얼 포스트게이트 그림 | 이충호 옮김

발행처 김영사 | 발행인 박강휘
등록번호 제 406-2003-036호 | 등록일자 1979. 5. 17.
주소 경기도 파주시 문발로 197(우10881)
전화 마케팅부 031-955-3100 | 편집부 031-955-3113~20 | 팩스 031-955-3111

값은 표지에 있습니다.
ISBN 978-89-349-9813-6 74080
ISBN 978-89-349-9797-9 (세트)

좋은 독자가 좋은 책을 만듭니다. 김영사는 독자 여러분의 의견에 항상 귀 기울이고 있습니다.
전자우편 book@gimmyoung.com | 홈페이지 www.gimmyoung.com

이 책의 한국어판 저작권은 EYA(Eric Yang Agency)를 통해 Scholastic Limited사와의 독점 계약으로 ㈜김영사에 있습니다.
저작권법에 의해 한국 내에서 보호를 받는 저작물이므로 무단전재와 무단복제를 금합니다.

이 도서의 국립중앙도서관 출판시도서목록(CIP)은 서지정보유통지원시스템 홈페이지(http://seoji.nl.go.kr)와 국가자료공동목록시스템(http://www.nl.go.kr/kolisnet)에서 이용하실 수 있습니다. (CIP제어번호 : CIP2019030689)

| 어린이제품 안전특별법에 의한 표시사항 | 제품명 도서 제조년월일 2025년 5월 2일
제조사명 김영사 주소 10881 경기도 파주시 문발로 197 전화번호 031-955-3100 제조국명 대한민국
사용 연령 11세 이상 ⚠주의 책 모서리에 찍히거나 책장에 베이지 않게 조심하세요.

차 례

지금까지의 이야기 · 7
목숨이 걸린 도미노 게임 · 14
금붕어를 위한 귀찮은 문제 · 25
지긋지긋한 측정 · 47
한편, 병원에서는 … · 61
속력 · 66
면이 하나뿐인 종이 · 78
이상한 수들 · 86
한편, 화물 적하장에서는 … · 100
땅부자와 울타리부자 · 104
거울수 · 112
영원한 명성을 얻는 비결 · 114
한편, 목장에서는 … · 125
인간 피라미드 · 128
사람의 마음을 읽는 숫자들 · 136
한편, 열차 강도들은 … · 139
트롤의 수수께끼와 죽음의 섬 · 143
제파티 왕국의 룬 왕과 신비의 마방진 · 154
한편, 루이기 식당에서는 … · 164

지금까지의 이야기

도시: 미국 시카고
장소: 주 교도소
일시: 1929년 12월 2일 오전 4시

창살 틈으로 다이너마이트가 날아오더니 마룻바닥 위로 떼구르르 굴러갔다.

"왔다!" 외손가락 지미가 소리를 질렀다. "그녀가 왔어! 우리를 탈출시키려고 말이야!"

"어서 서둘러!" 면도날 보첼리가 외쳤다. "다이너마이트가 곧 폭발할 거야!"

일곱 명의 사내는 재빨리 침대에서 매트리스를 떼내어 세우고, 그 뒤에 숨었다.

"이봐, 저리로 좀 가!" 몸집이 제일 큰 사내가 소리쳤다. "내 엉덩이가 삐져 나왔단 말이야."

"이봐 삼겹살, 넌 그래도 걱정 없어." 족제비 위즐이 빈정거렸다. "그렇게 큰 엉덩짝이라면, 아침 식사 때 포크에 푹 찔리더라도 저녁 식사 때까지도 아픈 걸 못 느낄 텐데, 뭘!"

"모두 입 닥치고 조용히 해!" 면도날

보첼리가 소리쳤다.

다이너마이트의 불꽃이 도화선을 따라 타 들어가자, 모두들 눈살을 찌푸리며 눈을 가느다랗게 치떴다.

"여러분 안녕!" 그 때, 문에서 명랑한 목소리가 들려 왔다. "그 동안 갑갑했죠?"

그러더니 찰칵 하고 자물쇠가 열리는 소리가 났다. 문이 열리자, 진한 향수 냄새가 감방 안으로 새어 들어오면서 퀴퀴한 발 냄새와 뒤섞여 메스꺼운 냄새를 풍겼다.

"오, 돌리!" 지미가 놀란 표정으로 소리쳤다. "여기는 어쩐 일이지? 트럭에서 기다리고 있기로 했잖아!"

"그랬지요. 하지만, 그것은 어디까지나 여러분이 세운 계획일 뿐이지요." 복도의 밝은 빛을 등지고 서 있는 그 여성이 대답했다. "그렇지만 한번 생각해 봐요. 여러분이 얼마나 생각이 모자란지."

"우리가 얼마나 똑똑한지 모르시는군!" 전기톱 찰리가 말했다.

"오, 그래요? 일곱 명 중 음식값 하나 제대로 계산할 줄 아는 사람이 없어서 서로 총질을 해 대다가 몽땅 잡혀온 주제에 말이에요?"

"계산기 넘버스는 잘 계산할 수 있었을 거야."라고 지미가 말했다.

홀쭉한 사내가 "칠칠은 49, 7 곱하기 49는 343, 7 곱하기 343은 2401……." 하고 중얼거리기 시작했다.

"그는 옷을 입혀 놓은 기계에 지나지 않아요." 돌리가 말했다. "물론 넘버스가 셈이야 잘 하지요. 그렇지만 그는 무엇을 셈해야 하는지 모르잖아요!"

"무엇을 셈해야 하는지는 내가 말해 주지." 면도날 보첼리가 말했다. "이봐, 그런데 감옥 안이든 밖이든, 내가 두목이라는 걸 잊지 말라구!"

"그럴까요?" 돌리가 말했다. "팬티만 입은 채 구석에 숨어 있는 사람이 누구예요?"

"그건 두목이잖아요?" 가브리아니가 말했다.

"그리고 교도소장의 방에서 방금 칵테일을 마시면서 여러분을 보석시킨 사람은 누구인가요?"

"우리가 보석으로 풀려 난다고?" 모두들 놀라 소리쳤다.

"그러니까 누군가가 우리를 위해 보석금을 냈단 말이지?" 면도날 보첼리가 물었다.

"그래요." 돌리가 대답했다. "감옥을 폭파하고, 사이렌이 울려 퍼지는 가운데 가짜 번호판을 단 훔친 트럭에서 내가 발발 떨고 있는 것보다 이게 훨씬 낫잖아요?"

"그렇지만 우리가 어떻게 보석으로 풀려 날 수 있단 말이야?" 지미가 말했다. "우리야말로 악당 중에서도 가장 악랄하고 비열한 악당들인데."

"맞아, 우린 그래!" 모두가 합창했다.

"그래서 보석금이 천만 달러나 들었어요." 돌리가 말했다.

그 말을 듣고 모두 깜짝 놀라 침묵이 흘렀다.

"그 천만 달러를 도대체 어떤 작자가 지불했단 말이야?" 면도날 보첼리가 물었다.

"친구라던데요." 돌리가 말했다. "그 사람은 여러분이 그 돈을 갚아야 한다고 말했어요."

"우리가 그런 큰 돈을 어떻게 갚는단 말이야?"

"녹스 급행 열차를 터는 거예요."라고 돌리가 말했다.

"설마 농담이겠지?" 면도날

보첼리가 깜짝 놀라 외쳤다. "아무도 녹스 급행 열차를 털진 못해."

"내게 다 생각이 있어요." 돌리가 말했다.

"우와! 정말 대단한 여자야!" 지미가 말했다.

"그렇지만 난 하고 싶지 않다구……." 면도날 보첼리가 말했다.

"이제 아무도 두목의 결정을 따를 것 같지 않은데요?" 전기톱 찰리가 말했다. "이제 돌리가 두목 같아요."

"좋아요. 그런데 왜 여기서 머뭇거리고 있죠? 자, 나가요." 라고 돌리가 말했다.

돌리는 등을 돌리더니 복도를 향해 걸어가기 시작했다. 어안이벙벙해진 일곱 사내도 하나씩 그 뒤를 따라나섰다. 덩치가 제일 큰 사내가 맨 뒤에 처졌다. 그는 덩치에 비해 좁은 문을 빠져 나가려고 한참 애쓰다가 갑자기 생각났다는 듯이 외쳤다.

"이봐, 돌리! 우리를 보석으로 풀어 준다면, 무엇하러 다이너마이트를 던져 소란을 피운 거야?"

"난 그런 것 던지지 않았어요. 보석이 결정됐는데, 무엇하러 그런 짓을 하겠어요?"

"그렇지만 누군가가 다이너마이트를 던졌다구!" 삼겹살 포키가 소리쳤다.

마룻바닥 어딘가에서 불이 타 들어가고 있던 다이너마이트의 도화선은 마침내 그 끝에 이르렀다.

자, 이렇게 우리의 『수학이 또 수군수군』은 시작된다.

수학이 또 수군수군이라고?

그렇다. 이미 『수학이 수군수군』이란 책이 나와 있기 때문에 이 책은 『수학이 또 수군수군』이라고 이름붙일 수밖에 없다. 그렇다면 이 책은 『수학이 수군수군』보다 더 복잡한 수학을 다룬다는 말인가?

글쎄? 그건 두고 봐야지.

아니면, 『수학이 수군수군』을 먼저 읽어야 한다는 뜻인가? 그럴지도 모른다. 만약 여러분이 『수학이 수군수군』을 먼저 읽지 않고 『수학이 또 수군수군』부터 읽는다면, 수학을 또다시 수군수군 즐겨 보자는 이 책의 목적과 어긋나기 때문이다.

그렇지만 실은 여러분이 『수학이 수군수군』을 먼저 읽었느냐 읽지 않았느냐 하는 것은 중요하지 않다. 중요한 것은 수학이 지긋지긋한 계산만은 아니라는 사실이다.

수학은 교묘한 트릭이나 무시무시한 게임의 비밀을 파헤쳐 줄 수도 있고, 영원히 명성을 날리는 방법을 알려 줄 수도 있고, 미래를 예측하려는 실험에 이용될 수도 있고, 우리 주위에 있는 모든 것을 완벽하게 통제하는 원리일 수도 있다.

목숨이 걸린
도미노 게임

포장된 피자 상자를 들고 당신이 가게에서 막 나오는 순간⋯⋯.

"야호! 드디어 잡았다!"라는 사악한 목소리가 들려 오는 게 아닌가!

주위를 둘러보았더니, 당신은 지상에서 30m나 되는 공중에 매달려 있다. 당신은 깊이 한숨을 내쉰다. 이러한 종류의 일에는 이골이 났기 때문이다.

당신의 원수인 찰거머리 박사가 기중기를 몰고 와서 당신을 갈고리로 붙잡아 공중에 매달아 놓은 것이다.

"나와 함께 좀 가 주어야겠어." 빈정대는 듯한 목소리로 찰거머리 박사가 말했다. "이번에는 결코 풀 수 없는 문제를 내겠다. 하! 하! 하!"

잠시 후, 당신은 해골이 쇠사슬로 묶여 벽에 걸려 있는 어느 방에 갇혔다. 해골 앞에는 체스판과 도미노들이 든 상자가 놓여 있다.

"상자 속에는 32개의 도미노가 들어 있다." 미치광이 찰거머리 박사가 말했다. "체스판에는 가로, 세로 8개씩의 정사각형이 늘어서 있으니, 모두 64개의 정사각형이 있지."

그거야 어린애도 다 아는 이야기 아닌가?

"그런데 도미노 하나는 체스판 위에서 정확하게 정사각형 2개의 면적을 차지한다. 그러면 32개의 도미노를 사용해 체스판을 완전히 덮을 수 있겠는가?"

그거야 식은죽 먹기지. 순식간에 그 문제를 해결하는 당신!

"자, 됐지요? 이제 날 보내 줘요. 피자가 식잖아요!"

"아직 안 돼!" 찰거머리 박사가 낄낄대며 말한다. "이번에는 체스판에서 정사각형 2개를 잘라 내겠어. 그리고 도미노도 하나를 빼겠어."

그러더니 찰거머리 박사는 칼을 꺼내 체스판에서 서로 대각선 방향으로 마주 보는 두 모퉁이에서 정사각형을 하나씩 잘라 냈다. 그렇게 잘라 낸 정사각형은 모두 흰색이었다.

"이제 정사각형은 62개가 남았고, 도미노는 31개가 남았지?"라고 찰거머리 박사가 말했다. "그래도 31개의 도미노로 체스판을 완전히 덮을 수 있을까?"

벽에 걸려 있는 해골의 주인은 이 문제를 풀어 내지 못한 것이 분명하다. 그렇지만 당신은 이것을 풀 수 있을까?

여러 종류의 도미노

도미노에 묻은 얼룩 같은 것엔 신경 쓰지 마라. 다만, 그 모양에만 신경쓰면 된다. 도미노는 작은 정사각형 2개를 붙여 놓은 것이다. 이렇게 정의하면 아주 쉽게 이해할 수 있겠지?

정사각형 하나만 있다면, 그것을 도미노라고 부르긴 어려울 것이다. 그것은 모노미노(monomino: mono는 '하나'라는 뜻)라 부를 수 있다.

그리고 정사각형이 2개 붙어 있는 것을 도미노(domino: do는 '둘'이란 뜻)라 한다.

정사각형이 3개 붙어 있는 것은? 트로미노(tromino)라 부르지. 그런데 트로미노에는 흥미로운 점이 있다. 즉, 오른쪽 그림에서 보는 것처럼 직선 모양의 트로미노와 직각 트로미노 두 종류가 있다.

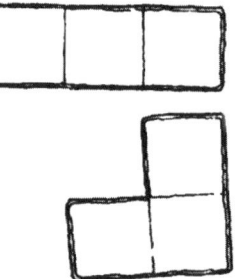

4개의 정사각형이 붙어 있는 것을 테트로미노(tetromino)라고 부르는데, 테트로미노에는 다섯 가지가 있다.

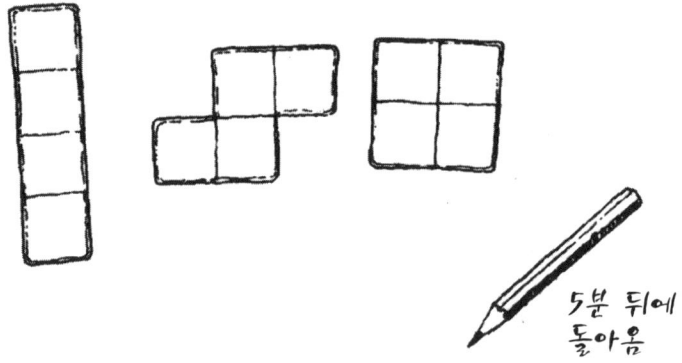

그런데 그림을 그리는 사람이 잠깐 샌드위치를 먹으러 자리를 뜨고 말았군. 할 수 없지 뭐. 나머지 두 가지는 여러분이 직접 그려 보라.

5개의 정사각형이 붙어 있는 것은? 펜토미노(pentomino)라고 하지. 펜토미노에는 모두 12가지가 있으며, 아래의 정사각형 6×10조각에 12가지 펜토미노가 보기 좋게 배열돼 있는 것을 볼 수 있다.

펜토미노를 가지고 할 수 있는 게임은 아주 많다. 만약 여러분이 그러한 게임들을 즐기고 싶다면, 12가지의 펜토미노

세트를 갖추어야 한다. 그것을 손에 넣을 수 있는 가장 값싼 최선의 방법은 앞의 그림을 두꺼운 마분지에 베낀 다음(얼마든지 크게 그려도 된다), 그것을 칼이나 가위로 잘라 내는 것이다. 모양에 따라 색을 달리 칠하면 훨씬 보기 좋다.

자, 이제 12가지의 펜토미노가 다 준비됐는가? 그러면 다음의 퀴즈에 도전해 보라.

1. 12개의 펜토미노를 다시 원래대로 정사각형 6×10개의 모양으로 만들어 보라. 이것을 만들 수 있는 방법은 2339가지나 되지만, 서너 가지만 발견하더라도 대단한 것이다!

2. 12개의 펜토미노로 정사각형 5×12개의 모양 만들기. 그 방법은 1010가지나 있지만, 약간 머리를 굴릴 필요가 있다.

3. 12개의 펜토미노로 정사각형 4×15개의 모양 만들기.

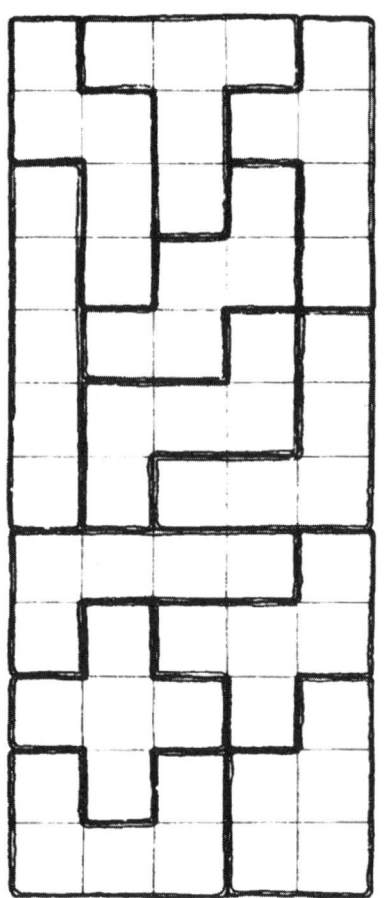

그 방법은 368가지가 있다. 대단히 어려울걸!

4. 12개의 펜토미노로 정사각형 3×20개의 모양 만들기. 그 방법은 두 가지뿐인데, 오른쪽에 한 가지를 그려 놓았다. 나머지 한 가지를 찾을 수 있겠는가?(오른쪽 그림 위에 겹칠 수 있는 같은 모양이어서는 안 된다!)

5. 12가지의 펜토미노 중 하나를 선택한다. 그리고 나머지 11개를 가지고 선택한 것과 똑같은 모양을 만들 수 있겠는가?

6. 마지막으로, 친구와 함께 할 수 있는 멋진 게임이 있다. 이 게임에는 펜토미노 한 세트와 64개의 정사각형이 표시돼 있는 정사각형 판(체스판처럼)이 필요하다.

19

● 한 사람이 먼저 펜토미노 세트 중에서 하나를 골라 판 위에 있는 정사각형 5개(어느 위치에 있는 것이든 상관 없다)를 덮는다.

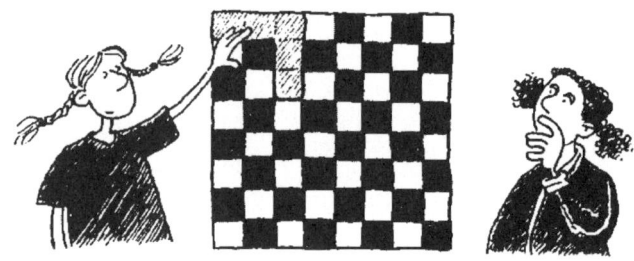

● 그 다음에 다른 사람이 또 하나의 펜토미노를 골라 역시 판 위에 놓는다. 단, 먼젓번에 놓인 펜토미노 위에 겹쳐져서는 안 된다.

● 이렇게 서로 순서를 바꾸어 가며 펜토미노를 놓아 가다가 더 이상 펜토미노를 판 위에 놓을 수 없는 사람이 지는 것이다.

깨뜨릴 수 있는 규칙

이상의 게임들에서 펜토미노를 뒤집어서는 안 된다.(예를 들면, 왼쪽 모양을 뒤집어서 오른쪽 모양으로 만들어서는 안 된다.)

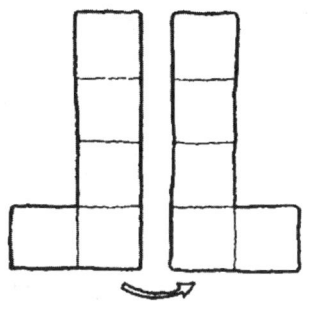

그러나 이 책의 목적은 재미를 위한 것이므로, 도전적인 사람은 이런 작은 규칙 따위는 깨뜨릴 수도 있다. 심지어는 주어진 문제에 대해 더 많은 다른 답을 구할 수도 있을 것이다.

펜토미노에 대한 이야기는 이제 그만 하자.

헥소미노(hexomino)는 6개의 정사각형이 붙어 있는 것으로, 모두 35가지가 있다. 아래에 그 중 몇 가지를 소개한다.

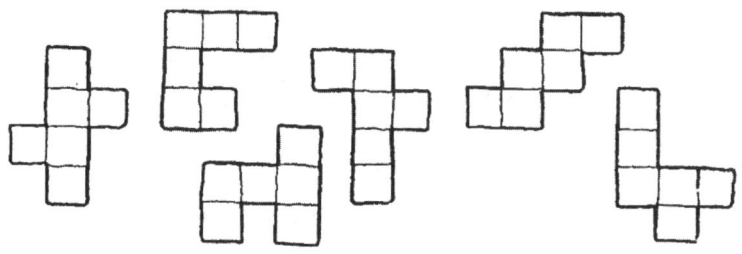

헵토미노(heptomino)는 7개의 정사각형이 붙어 있는 것으로, 모두 108가지가 있다. 그 중 몇 가지만 소개하면······.

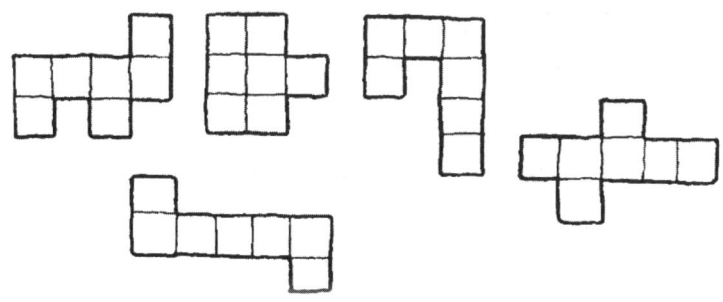

그 중 좀 특별한 것이 한 가지 있는데, 그것은 '항구(harbor)' 헵토미노라고 부른다.

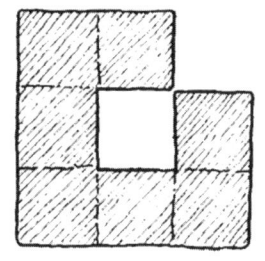

수학광들은 이 항구 헵토미노를 보면 입맛이 싹 달아난다고 한다. 그 이유가 뭐냐고? 그것은 중간에 빈 구멍이 있어 어떤 모양이든 완전히 덮을 수 없기 때문이다.

수학자들은 정말 뛰어난 두뇌를 가진 천재들이 아닌가? 그들에게 허블 상수 불변에 관한 엔데안(Endean)의 결정식과 같은 수식을 들이대 보라.

$$T_0 = \frac{2L[S_0(T_0) - \sin S_0(T_0)]}{\sin^2 S_0(T_0)}$$

그러면 그들의 눈은 눈송이처럼 반짝일 것이다. 그렇지만 가운데가 비어 있는 7개의 정사각형 그림을 들이대면, 그들은 화장실로 달려가 문을 잠그고 나오지 않을 것이다.

이런! 피자가 딱딱하게 굳어 버렸겠군! 빨리 찰거머리 박사가 낸 문제로 돌아가기로 하자.

이 문제를 푸는 것은 불가능하다. 그렇지만 불가능하다는 것을 설명하기만 한다면, 찰거머리 박사는 당신을 놓아 줄 것이다. 그 답은 다소 교묘하다!

도미노를 판 위에 놓을 때, 각각의 도미노는 서로 붙어 있는 두 정사각형을 덮게 된다. 이것은 각각의 도미노가 검은 정사각형 하나와 흰 정사각형 하나를 덮어야 한다는 것을 의미한다.

그런데 찰거머리 박사가 흰 정사각형 2개를 잘라 내 버렸으므로, 판에는 30개의 흰 정사각형과 32개의 검은 정사각형이 남아 있다.

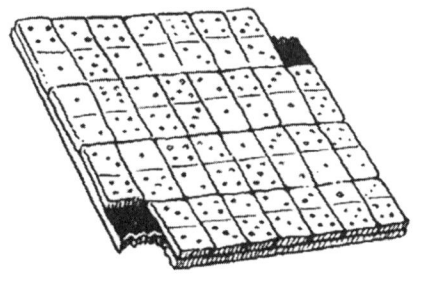

30개의 도미노를 판 위에 놓으면 검은색과 흰색의 정사각형 30개씩을 덮게 된다. 그리고 남아 있는 2개의 정사각형은 모두 검은색이다. 30개의 도미노를 어떤 방식으로 놓든, 그리고 도미노로 덮이지 않은 2개의 정사각형이 어느 위치에 있든 상관 없이, 그 2개의 정사각형은 검은색일 수밖에 없다.

도미노 하나로 검은색 정사각형 2개를 덮을 수 있는 방법은 없으므로(더군다나 도미노를 반으로 자를 수도 없다), 이 문제는 풀 수 없다!

금붕어를 위한 귀찮은 문제

넓은 정원에서 공작 부인이 연못을 쳐다보고 있었다.

"아, 크로크! 거기에 있었군요." 집사가 오는 것을 보고 공작 부인이 말했다. "사랑하는 금붕어 트윙클을 위해 연못을 고치기로 결심했어요."

"연못에 무슨 문제라도?" 크로크가 물었다.

"연못 옆으로 지나가는 길에 난간을 만들어야겠어요. 남편이 친 크로켓 공이 연못으로 굴러 들어가 트윙클을 놀라게 해서는 안 되죠. 그러니 난간의 길이를 재도록 해요."

크로크는 연못의 한쪽 끝에서 줄자를 잡고 섰고, 공작 부인은 다른 쪽 끝을 잡고 연못의 반대쪽 끝으로 걸어갔다.

"됐어요." 공작 부인이 말했다. "길이가 12 m군요. 가서 난간 재료를 12 m만큼 사 오세요."

크로크가 철물상에 들렀을 때, 주인은 무엇인가 수리하고 있었다.

"그게 전부요? 난간 12 m면 충분한가요?" 주인이 물었다.

"그러리라고는 생각하지 않지만, 어쨌든 지금 당장은 그것이면 돼요."라고 크로크가 대답했다.

정원으로 돌아온 크로크는 난간을 연못 옆에 설치했다.

"이제 됐군요!" 공작 부인이 말했다. "이번에는 연못 바닥이 지저분해 보여요. 바닥에 아름다운 핑크색 타일을 깔아 주면 트윙클이 좋아할 거예요. 그러니 타일을 사서 깔도록 해요, 크로크."

다시 철물상……

"또 왔소?" 주인이 물었다.

"공작 부인이 연못 바닥에 타일을 깔아 달라는군요." 크로크가 불만스러운 듯이 말했다.

"그래, 타일이 몇 개나 필요하오?"

"모르죠. 길이가 12 m니 당신이 알아서 주구려."

"그것만으로는 충분치 않아요! 연못의 길이뿐만 아니라, 폭이 얼마인지도 알아야 해요."

"난간을 설치할 때에는 그걸 묻지 않았잖소?"

"그야 난간은 길이만 알면 되니까 그렇죠. 그렇지만 타일을 바닥에 까는 것은 길이가 아니라 넓이란 말이오. 넓이를 계산

하기 위해서는 두 가지 길이를 알아야 해요."

"두 가지라고요?" 크로크가 불만스러운 목소리로 말했다.

"그래도 당신은 운이 좋은 거요. 그 연못은 반듯한 직사각형 모양이니까. 만약 연못이 울퉁불퉁한 모양이었다면, 많은 것을 측정해야만 할 거요."

크로크는 전혀 운이 좋다고 생각하지 않았지만, 어쨌든 다시 공작 부인에게 돌아갔다.

"그러니까 타일을 깔기 위해서는 연못의 길이와 폭을 모두 알아야 한다 이 말이에요?" 공작 부인이 물었다.

"그렇습니다, 부인."

그들은 다시 줄자를 잡고 연못의 폭을 측정했다.

다시 철물상……

"그러니까 연못의 길이가 12m, 폭이 5m다 이거죠?" 주인이 물었다.

"그래요."

"12 곱하기 5는 60이니까. 연못 바닥의 넓이는 60제곱미터로군요"라고 주인이 말했다.

"제곱미터라고요?" 크로크가 물었다. "제곱미터가 뭐요?"

"그건 넓이를 측정하는 단위요. 1제곱미터는 가로, 세로의 길이가 각각 1미터인 정사각형의 넓이와 같아요."

"오, 그래요?" 크로크가 빈정대듯이 말했다.

"1제곱미터를 까는 데에는 타일이 4개 필요하니까, 4 곱하기 60은 240. 모두 240개의 타일이 필요하군요."

"나에게 진짜로 필요한 것은 이것을 실어 나를 리어카라고요!" 주인이 타일 상자를 쌓는 것을 보고 크로크가 이렇게 말했다.

마침내 연못 바닥에 타일이 다 깔렸다.

"이제 만족하십니까, 부인?" 크로크가 물었다.

"천만에요. 트윙클에게 물을 새로 갈아 주어야겠어요."

"그럼, 호스를 가지고 올까요?"

"나는 트윙클이 수돗물 속에서 헤엄치길 바라지 않아요. 가서 신선한 연못물을 사 오도록 해요."

크로크가 철물상에 다시 갔을 때, 주인은 눈살 하나 찌푸리지 않고 그를 맞았다.

"신선한 연못물이라고요?"라고 주인이 반문했다. "물론 구할 수 있죠. 그렇지만 아주 비싸다는 걸 명심해야 합니다. 그래, 신선한 연못물이 얼마나 필요한가요?"

"연못의 길이가 12m이고, 폭이 5m라는 건 알고 있지 않소? 직접 계산해 봐요."

"그것만으론 안 돼요! 연못의 깊이도 알아야 해요."

"그렇지만 타일을 깔 때에는 그것을 묻지 않았잖소?"

"그야 타일은 넓이니까 그랬죠. 그렇지만 물은 부피란 말이오. 부피를 계산하기 위해서는 세 가지를 측정해야 해요."

"연못은 모든 곳의 깊이가 똑같아요. 조금 얕은 곳도 없고, 더 깊이 파인 곳도 없어요." 크로크는 어떻게 안 될까 기대하며 이렇게 말했다.

"그래요? 그래도 깊이가 얼마인지 알아야겠는데요."

"오, 신이여! 나에게 인내와 힘을 주소서!" 크로크는 이렇게 중얼거리더니 다시 집으로 달려갔다.

크로크가 떠나자, 주인은 뒤뜰로 가서 수도 꼭지를 열고 병에 수돗물을 담기 시작했다. 그리고는 각 병의 라벨에다가 '신선한 최상급 연못물'이라고 적었다.

"감쪽같군! 진짜 신선한 연못물 같아!" 주인은 히죽거리며 중얼거렸다. "다음에는 공작 부인에게 신선한 공기를 팔아 먹어야겠군."

빈손으로 돌아온 크로크를 보고 공작 부인은 의아해 했다.

"그러니까 물의 부피를 재기 위해서는 길이와 폭뿐만이 아니라, 깊이까지 알아야 한다 이거지요?" 공작 부인이 물었다.

"그렇다는군요." 크로크가 대답했다.

공작 부인은 줄자 끝에 돌을 매달더니, 그것을 연못 속으로 던져 넣었다.

"이건 정말 귀찮은 일이야." 공작 부인이 중얼거렸다. "됐어요! 깊이는 1.5 m군요."

크로크는 네 번째로 철물상으로 갔다. 다리가 후들거렸다.
"12 곱하기 5 곱하기 1.5라." 주인이 계산을 하면서 말했다.
"그러니까 90세제곱미터가 되는군요."
"세제곱미터라니요?" 크로크는 이렇게 묻는 순간, 묻지 말 것을 하는 생각이 들었다.
"세제곱미터(m^3)는 부피를 나타내는 단위지요. 1세제곱미터는 가로, 세로, 높이의 길이가 각각 1미터인 정육면체 상자의 부피와 같아요."
"오, 그래요?" 크로크가 말했다. "이제 당신은 내 다리를 후들거리게 만들 뿐만 아니라, 머리까지 지끈거리게 만드는군."
"그건 아무것도 아니라오." 주인이 낄낄대며 말했다. "1세제곱미터는 1000리터와 같아요. 그러니까 당신 연못의 부피가 90세제곱미터라면, 그것은 9만 리터인 셈이지요."

"리터는 또 뭐요?"

"그것은 이 병 하나 속에 든 부피와 같은 거라오. 그런데 당신은 정말로 이 많은 병들을 집까지 들고 갈 거요?"

"그래야지요."

"오, 저런! 그렇다면 병을 9만 개나 날라야 하겠군요."

"뭐라고요?" 크로크는 눈이 휘둥그래졌다.

"그리고 물 1000리터는 무게가 1톤이니까, 당신이 날라야 하는 물의 총 무게는 90톤이나 되는군요. 그걸 다 나르려면 팔도 후들거리겠군요."

크로크는 철물상에서 집까지 셀 수 없이 왔다갔다한 끝에 마침내 마지막 물병을 연못에 쏟아부었다.

"여길 좀 보렴, 트윙클!" 공작 부인은 금붕어가 들어 있는 어항을 품에 안고 말했다. "엄마가 우리 예쁜 아기를 위해서 보금자리를 새로 단장했단다."

금붕어는 연못을 바라보았다.

"어때?" 공작 부인이 미소를 지으면서 물었다. "멋지지 않니?"

트윙클은 하품을 하더니, 몸을 돌려 버렸다. 크로크는 잡아먹을 듯이 금붕어를 째려봤다. 그 다음에 어떤 일이 벌어질지 뻔했기 때문이다…….

"왜 그러니, 아가야? 저 연못이 마음에 들지 않니?" 공작 부인이 물었다. "작고 편안한 어항이 더 좋은가 보지. 그러면 그렇게 하려무나. 연못은 크로크에게 다시 메우라고 해서 여름 별장으로 쓰지 뭐."

길이, 넓이, 부피……. 이것들은 무엇을 위해 필요할까? 그리고 왜 어떤 경우에는 다른 경우보다 더 많은 것을 측정할 필요가 있을까? 이 도로를 보라.

이 도로를 따라 당신이 뛰어가고 있다고 하자. 당신은 얼마

나 멀리 뛰어갈 수 있을까? 그 답을 얻기 위해서는 다음 조건들이 필요한가?
- 도로가 얼마나 긴가?(그렇다. 300미터)
- 도로의 폭이 얼마나 되는가?(필요 없음)
- 도로의 기초가 얼마나 깊은가?(필요 없음)

답은 하나의 측정량만 있으면 된다. 이것을 길이라고 하며, 여기서는 300미터이다.

이번에는 도로 전체에 페인트를 칠해야 한다고 하자. 그러려면 페인트칠을 해야 하는 땅의 넓이는 얼마나 될까? 그 답을 얻기 위해서는 다음 조건들이 필요한가?
- 도로가 얼마나 긴가?(그렇다. 300미터)
- 도로의 폭이 얼마나 되는가?(그렇다. 4미터)
- 도로의 기초가 얼마나 깊은가?(필요 없음)

그 답을 얻기 위해서는 두 가지 측정량이 필요하다(그런 다

음, 둘을 곱하면 된다). 그러면 넓이를 구할 수 있다. 이 경우에는 300 × 4 = 1200제곱미터가 된다.

이번에는 도로 전체를 파내야 한다고 하자. 그러면 흙을 얼마나 많이 파내야 할까? 그 답을 얻기 위해서는 다음 조건들이 필요한가?

● 도로가 얼마나 긴가?(그렇다. 300미터)
● 도로의 폭이 얼마나 되는가?(그렇다. 4미터)
● 도로의 기초가 얼마나 깊은가?(그렇다. 그러기 위해서는 도로를 파 보아야 한다.)

그 답을 얻기 위해서는 세 가지 측정량이 필요하다(그런 다음, 셋을 곱하면 된다). 그러면 부피를 구할 수 있다. 이 경우에는 300 × 4 × 2 = 2400세제곱미터가 된다.

다행스럽게도, 우리는 측정량이 세 가지 이상 필요하지 않다. 우리가 3차원 세계에 살고 있기 때문이다.

※ **경고!** 계속 책을 읽기 전에 화재 경보기를 여러분의 머리 위에 설치하도록 하라. 만약 경보기가 울린다면, 여러분의 머리가 과열되었다는 것을 의미한다.

오케이, 그럼 다시 진도를 나가자. 이번에는 미지의 세계로 도약할 때가 되었다······.

차원에 관한 문제, 또는 당신이 이 책을 읽고 있는 동안 당신의 알몸을 볼 수 있는 사람은?

3차원 세계를 설명해 주기 위해 특별 출연한 세 쌍둥이 곡예사 형제를 소개합니다. 와~ 박수!

맨 먼저, 1차원 세계!

1차원 세계에서는 모든 일이 선 위에서만 일어난다. 즉, 누구든지 오직 그 선 위에서만 앞뒤 방향으로만 움직일 수 있을 뿐이다.

1차원 세계를 좀더 정확하게 나타내면 아래와 같다.

―――――――――

간단하지? 만약 1차원 세계에 1차원의 사람을 그려 넣고 싶다면, 아주 뾰족한 연필로 선 위에다가 아주 작은 점을 하나 찍으면 된다. 만약 당신이 그려 넣은 인물이 움직이려고 한다면, 오로지 선을 따라서만 이동할 수 있다. 그는 선 밖의 나머지 부분으로 나가거나 책 밖으로 뛰어나갈 수 없다.

미안! 경보기가 약간 이상한 모양이군. 그러니 그냥 무시하고 진도를 나가자.

2차원 세계에서의 생활은 다소 수월하다.

2차원 세계에 사는 생물들에게는 이리저리 움직여 다닐 수 있는 편평한 땅은 있지만, 그 땅 위에서 점프하거나 땅 밑으로 내려갈 수는 없다. 그런데 이 편평한 땅은 반드시 수평이어야 하는 것은 아니고, 어떤 각도로 기울어질 수도 있다.

곡예사 형제들이 친절하게 보여 주는 바와 같이, 편평한 땅이 어떤 각도로 기울어져 있든지 간에, 2차원 세계에 사는 존재들은 그 땅 위에 머물러 있을 수밖에 없다.

우리는 잠시 후에 2차원 세계에서의 삶을 살펴볼 것이다. 그렇지만 그 전에 곡예사 형제들이 보여 주는 3차원 세계에서의 상황을 마저 보기로 하자.

3차원 세계에서는 우리는 더 이상 2차원 평면에 들러붙어 살지 않으며, 언제든지 평면에서 벗어날 수 있다.

우리는 3차원 세계에서 살아가는 데 너무 익숙해 있기 때문에 그 밖의 다른 차원을 상상하기가 매우 어렵다. 그렇지만 재미삼아 2차원 세계에서 살아가는 것은 어떤 모습일지 한번 살펴보기로 하자.

2차원 세계의 삶

2차원 세계의 가장 중요한 특징은 모든 것이 납작하다는 것이다. 당신은 2차원 세계에서 자신이 얼마나 납작해지는지 짐작할 수 있겠는가? 다음 중 어느 것일지 한번 찍어 보라.

- 정확하게 1미터
- 1밀리미터
- 머리카락 한 올만큼
- 그것보다 더 납작하다

만약 답을 알고 싶다면, 마음을 단단히 먹어라. 왜냐 하면, 그 답을 알기 위해서는 상당한 상상력이 필요하기 때문이다.

당신이 2차원 세계에서 살아가는 사람이라고 가정하고, 당신 옆에 종이 한 장이 놓여 있다고 하자. 그러면 그 얇은 종이 한 장 너머가 보이지 않는다. 당신은 그보다도 납작하기 때문이다!

그것은 종이도 3차원 물체이기 때문이다. 하나의 종이를 다른 종이 위에 올려놓을 수 있는 것은 종이가 3차원을 가지고 있기 때문이다. 이것은 정말 놀라운

이야기가 아닌가?(만약 당신이 2차원 생물이라면, 이것을 전혀 이해하지 못할 것이다. 또, 등 짚고 뛰어넘기와 같은 놀이는 도저히 말로써 설명할 수 없는 괴상한 현상으로 비칠 것이다.)

그런데 왜 2차원 물체들은 다른 것 위에 포갤 수 없다는 것일까? 다행히도, 우리 모두가 알고 있는 2차원 물체가 하나 있다. 그것은 바로 그림자이다. 다음 실험을 해 보자.

1. 강한 불빛 아래 양손을 내밀어 그 그림자가 벽에 비치도록 한다.

2. 그리고 한 손을 다른 손 위에 포개 그림자들이 서로 겹치도록 해 보라. 어떤 손의 그림자가 다른 손의 그림자 위에 있는지 알 수 있는가?

물론 알 수 없다. 어떤 그림자도 다른 그림자 위에 있는 것이 아니기 때문이다. 더군다나, 그림자를 마룻바닥에다 비치든, 벽에다 비치든, 심지어는 천장에다 비치든 아무 상관이 없다. 그림자가 어디에 비치든지 간에 그림자는 2차원뿐이다.

다른 차원에서 본 광경

만약 당신이 1차원 세계에 살고 있다면, 당신은 하나의 점에 불과할 것이다. 그러면 당신의 눈에 보이는 세상의 모습은 어떤 것일까? 카드에 바늘로 작은 구멍을 하나 뚫어라. 그리고 그것을 통해 그 너머의 경치를 바라보라. 카드를 눈에 너무 바짝 갖다 대서는 안 된다. 그 구멍을 통해 볼 수 있는 것은 아주 작은 점 하나의 공간뿐이다. 1차원 세계에서 볼 수 있는 광경도 이와 비슷하다. 만약 다른 사람이 아무도 없다면, 그 점은 텅 빈 점으로 보일 것이다.

만약 당신이 있는 1차원 세계에 다른 누군가가 존재한다면, 그것은 하나의 검은 점으로 보일 것이다. 그리고 그것은 바로 당신 눈앞에 나타날 것이다. 1차원에서는 직선 위 외에는 달리 존재할 곳이 없기 때문이다.

1차원 세계에 많은 사람들이 살고 있다고 하자. 그러면 그들은 이렇게 보일 것이다.

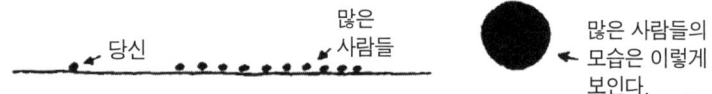

바로 옆사람 너머에 있는 사람들은 보이지 않기 때문에, 당신의 눈에는 바로 옆사람만 보인다. 그래서 1차원 세계에서는

극장에 가면 짜증이 날 것이다. 앞에 한 사람이 앉아 있다면, 시야가 완전히 가려지고 말 것이기 때문이다.

반면에, 몸매에 콤플렉스를 가지고 있는 사람들은 1차원 세계에서 살 맛이 날 것이다. 자신의 몸이 뚱뚱하든 날씬하든 아무 문제가 되지 않기 때문이다.

적어도 1차원 세계에서 살아가는 다른 사람들에게 당신의 모습은 여전히 이렇게 보일 것이다.

외모가 어떻든, 그리고
뚱뚱하든 날씬하든 간에
상관 없이

또다시 이야기가 엉뚱한 방향으로 흘러가려고 하니, 계속 원래의 진도를 나가자.

2차원 세계에서는 눈에 보이는 광경이 다소 달라진다. 2차원 세계에서 사물이 어떻게 보이는지 대충 짐작해 보려면, 마분지에 칼로 길게 가느다란 선을 긋고 그 틈 사이로 바라보면 된다. 당신 눈에 보이는 세상은 가느다란 선뿐이다. 그렇지만 그것은 하나의 점만 보이는 1차원 세계보단 훨씬 낫다. 흥미로운 사실은, 당신은 마분지의 가느다란 틈을 통해 1차원 세계를 볼 수 있으며, 1차원 세계에 존재하는 모든 사람들을 볼 수 있기 때문에, 1차원 세계 사람보다 훨씬 나은 시야를 가진다는 것이다. 심지어는 어떤 사람이 뚱뚱하고 날씬한지도 알 수 있다.

이 페이지에 살고 있는 2차원 세계의 사람들 몇 명을 아래에 나타냈다.

납작이와 넙적이와 돌돌이는 서로를 볼 수 있다. 2차원 세계에서는 오른쪽이고 왼쪽이고 마음대로 돌아볼 수 있기 때문이다. 그렇지만 세 사람은 새침이를 볼 수 없는데, 집 안에 있는 새침이를 벽을 뚫고 볼 수 없기 때문이다.

어떤가? 너무 간단하지? 그렇지만 반드시 기억해야 할 중요한 사실이 한 가지 있다. 우리는 3차원 세계의 사람들이기 때문에, 2차원 세계에 사는 네 사람을 모두 볼 수 있다. 즉, 집 안에 들어 있는 새침이까지도 볼 수 있다! 사실, 우리는 집 안과 집 밖의 광경을 동시에 볼 수 있다.

자자, 진정하라. 그리고 3차원 세계에서 살면 세상이 어떻게 보일지 생각해 보자.

3차원이야 우리가 살고 있는 세계이니, 그거야 너무나 쉬운 거 아닌가?

그렇지만 다음 사실들을 염두에 두어야 한다.
● 2차원 세계의 사람은 1차원 세계 전체를 볼 수 있다.
● 3차원 세계의 사람은 2차원 세계 전체를 볼 수 있다.
따라서, 만약 4차원 세계가 있다면,
● 4차원 세계의 사람은 3차원 세계 전체를 볼 수 있다.

4차원 세계 사람

맙소사! 4차원 세계 사람은 어떤 모습을 하고 있을까?

여러분은 4차원 세계 사람 같은 것은 존재하지 않는다고 생각할지 모르지만, 왜 반드시 존재하지 않아야 한다고 생각하는가?

납작한 2차원 세계의 사람은 부피를 가진 3차원 세계의 사람을 인식하거나 볼 수 없다.(2차원 세계의 사람은 단지 가느다란 선으로 된 시야밖에 가지지 않는다는 사실을 기억하라.) 결과적으로, 2차원 세계의 사람은 우리와 같은 3차원 세계의 사람이 존재한다는 사실을 전혀 알아채지 못할 것이다.

따라서, 3차원 세계에 사는 우리 역시 4차원 세계 사람을 보거나 인식하지 못할 것이다. 우리는 알지 못하지만, 4차원 세계의 사람들이 수백만 명이나 존재할지도 모른다!

사람들은 제 4의 차원이 어떤 것인지 알아 내려고 많은 노력을 기울여 왔는데, 아인슈타인을 비롯한 일부 과학자들은 그것이 시간이라고 말한다. 이 말에 머리가 핑 돌지 모르지만, 이것은 우리가 익숙하게 알고 있는 3차원 외에 다른 차원을 생각한다는 것이 얼마나 어려운지를 보여 준다. 나머지 3차원 (가로, 세로, 높이)은 자로 잴 수 있는 양인 데 비해 시간은 아주 괴상한 종류의 차원처럼 보인다. 시간을 어떻게 자로 잰단 말인가? 4차원 세계의 자라면 또 몰라도……

자자, 조금만 참아라. 이제 다 끝나 가니까. 한 가지만 더 언급하고 나서 착시 현상을 이용한 흥미로운 그림들을 몇 개 살펴보기로 하자.

앞에서 말했다시피, 이것이 가장 으스스한 대목이다. 만약

4차원 세계 사람과 같은 존재가 있다면, 그들은 우리의 3차원 세계 전체를 동시에 볼 수 있을 것이다! 우리가 새침이의 집 안팎을 동시에 볼 수 있는 것과 마찬가지로, 그들은 우리 집과 방 그리고 심지어는 우리 옷의 겉과 속까지도 볼 수 있다. 그러니까 지금 당신이 이 책을 읽고 있는 이 순간에 4차원 세계 사람 수백만 명이 당신의 알몸을 훔쳐보고 있는지도 모른다! 심지어는 당신 몸 속의 내장들이 어떻게 움직이는지도 들여다 볼 수 있을 것이다!

그래도 위안으로 삼을 만한 사실이 한 가지 있다. 만약 4차원 세계 사람이 존재한다면, 4차원 세계 사람의 알몸을 훔쳐볼 수 있는 5차원 세계 사람도 존재할지 모른다. 그리고 5차원 세계 사람의 알몸을 훔쳐볼 수 있는 6차원 세계 사람도 존재할 것이다……

차원뒤섞기

차원을 뒤섞는 것은 아주 재미있다. 특히, 3차원 세계를 2차원으로 나타내려고 할 때 그렇다. 그러면 입체를 나타낸 그림이 다소 이상하게 보일 수 있다.

다음 그림들을 자세히 살펴보라. 얼핏 보기에는 아무 이상

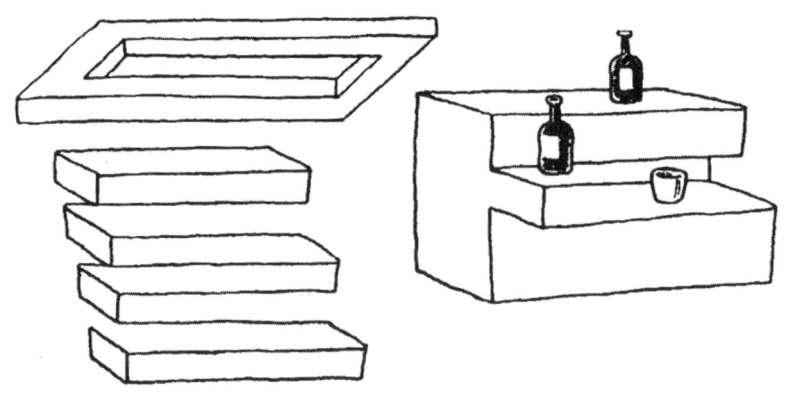

한 것이 없어 보인다. 그러나 좀더 자세히 살펴보면, 이것들은 3차원 세계에 존재할 수 없는 물체들이다.

  이러한 종류의 착시 현상을 이용해 그림을 그린 사람들 중에 에셔(M. C. Escher)라는 화가가 가장 유명하다. 아래 그림은 에셔가 그린 유명한 계단이다. 여러분은 이 계단을 끝까지 걸어 올라갈 수 있겠는가?

지긋지긋한 측정

사물을 측정하는 일은 아주 간단한 것이라고 생각할지 모르겠지만, 대개의 경우는 전혀 그렇지 않다. 측정을 할 때 맞닥뜨리는 문제들은 길이를 재느냐, 넓이를 재느냐, 부피를 재느냐에 따라 달라지지만, 다행스럽게도 여러분을 도와 줄 수 있는 편리한 방법들이 있다.

길이의 측정

직선이야 식은죽 먹기. 직선 옆에다가 자를 갖다 대기만 하면 된다(이 책을 산 것이 행운이라는 생각이 들지 않는가? 그러지 않았더라면, 이 사실을 결코 몰랐을 수도 있으니까).

꼬불꼬불한 선의 경우에는 좀 어렵다! 한 가지 좋은 방법은 실을 가지고 꼬불꼬불한 선을 따라 그 위에 놓는 것이다. 그런 다음, 그 선과 같은 길이에 해당하는 실 부분을 칼로 끊든지 표시를 한다. 그리고 그 실을 자 옆에다 갖다 대고 길이를 읽으면 된다.

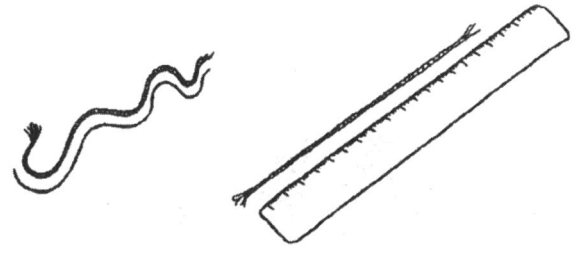

넓이의 측정

어떤 사물들은 넓이를 측정하기가 아주 간단하지만, 어떤 것들은 상당히 까다롭다.

넓이를 구하기 위해서는 몇 가지 길이를 측정한 다음, 공식이라고 부르는 특별한 식을 사용해야 한다. 와우! 공식이라고? 아주 근사한 말처럼 들리지 않는가? 대부분의 공식들은 아주 간단하다. 그렇지만 공식을 제대로 이해한다면, 사람들 사이에서 아주 똑똑한 사람으로 소문날 것이다.

공식─게으름을 피울 수 있는 좋은 방법

공식이 지닌 최대의 장점은 매번 말로 길게 설명하는 대신에 몇 개의 문자로 대신함으로써 실컷 게으름을 피울 수 있다는 것이다. 공작 부인의 연못 바닥을 다시 한 번 돌이켜보자. 편리하게도, 그것은 직사각형 모양이었다. 직사각형은 다음 세 가지 특징을 가지고 있다.

1. 직사각형의 모든 모퉁이는 반듯하게 직각이다.
2. 두 개의 긴 변은 서로 길이가 똑같다.
3. 두 개의 짧은 변도 서로 길이가 똑같다.

이러한 특징 때문에 직사각형의 넓이를 구하는 것은 아주 쉽다. 그렇지만 넓이 공식을 구하기 전에 사전 준비를 좀 해야겠지. 다음과 같은 연못의 도면이 있다고 치자. 직사각형의 긴 변을 a라고 하고, 짧은 변을 b라고 부르기로 하자.

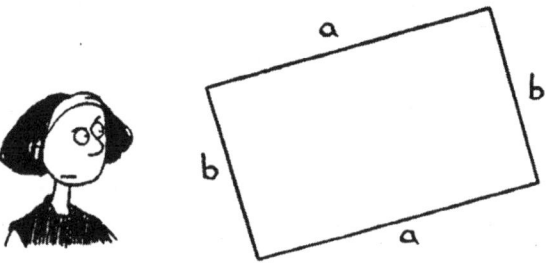

사실은 두 길이를 '족제비'나 '두꺼비'라고 불러도 아무 상

관이 없지만, 될 수 있는 한 간단한 것이 좋기 때문에 a와 b를 선택하는 것이다.

만약 공식을 사용하지 않고 직사각형의 넓이를 말로써 나타낸다면 다음과 같이 될 것이다. "직사각형의 넓이는 긴 변의 길이에다가 짧은 변의 길이를 곱한 것과 같다."

좀 지루하지 않은가? 그래서 공식을 사용하는 것이다. '긴 변의 길이' 대신에 'a'를, '짧은 변의 길이' 대신에 'b'를 쓰면 된다. 그러면

"직사각형의 넓이는 a 곱하기 b와 같다."

곱하기 부호와 등호 부호를 사용하면 더 간단하게 만들 수 있다.

$$직사각형의 넓이 = a \times b$$

그런데 더 게으름을 피울 수 있는 방법이 있다. 많은 공식들에서 '×' 부호를 너무 많이 사용하기 때문에, 사람들은 그 부호를 생략하고 그냥 두 문자를 붙여 쓴다.

$$직사각형의 넓이 = ab$$

자, 이제 공식을 얻었으니, 필요한 것을 측정해야 한다. 공작 부인이 연못을 측정했을 때, 연못의 긴 변(우리가 'a'라고 부른)은 12 m였고, 짧은 변(우리가 'b'라고 부른)은 5 m였다. 공식에 이 값들을 집어넣으면,

$$연못의 넓이 = a \times b = 12 \times 5$$

(이 값은 60 m^{2}가 된다.)

정사각형은 네 변의 길이가 모두 같기 때문에 직사각형보다 넓이를 구하기가 더 쉽다. 다음을 보라.

 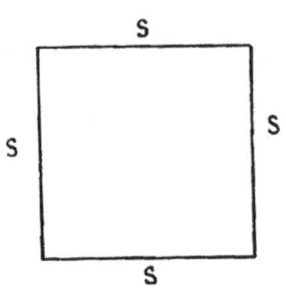

네 변의 길이가 모두 같기 때문에 네 변을 모두 하나의 문자로 나타낼 수 있다. 이번에는 한 변의 길이를 's'로 나타내기로 하자. 무슨 문자를 쓰든지 상관 없다.

그러면 넓이는 다음과 같이 쓸 수 있다.

$$\text{정사각형의 넓이} = s \times s, \text{ 또는 } ss$$

그런데 이것을 간편하게 나타내는 또 다른 방법이 있다. 같은 수를 두 번 곱해 줄 때에는 그 수의 오른쪽 위에다 작은 글씨로 '2'를 쓰면 된다. 이것은 그 수를 '제곱'했다는 것을 나타낸다. 따라서,

$$\text{정사각형의 넓이} = s^2$$

그러니까 정사각형의 경우에는 한 변의 길이만 재면 된다. 그것이 7 m였다고 하자. 그러면 그 넓이는

$$\text{정사각형의 넓이} = s \times s = 7 \times 7 = 49\,(\text{m}^2)$$

이제 여러분은 다른 사람들을 어리둥절하게 만들 수 있는 우아한 공식들을 만지고 싶어 몸이 근질근질할 것이다. 그러니 잠시 열을 식히도록.

삼각형의 넓이를 구하는 공식은 다음과 같다.

$\dfrac{bh}{2}$ (이것은 $b \times h \div 2$와 같다.)

공식에 등장하는 밑줄은 항상 '나누기'를 의미한다.

물론 b와 h가 무엇인지 궁금하겠지? 아래 그림에 그것이 나와 있다.

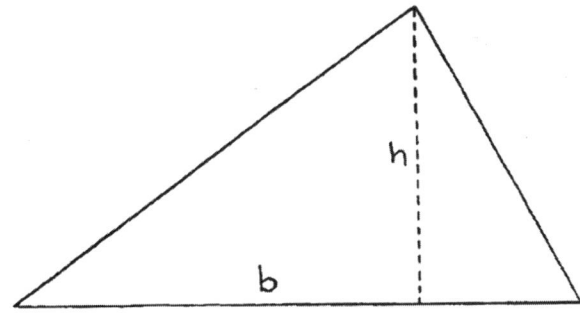

b는 삼각형의 밑변의 길이를, h는 높이를 나타낸다. b는 9cm이고, h는 8cm라고 하자. 그러면 삼각형의 넓이는

$$9 \times 8 \div 2 = 36(\text{cm}^2)$$

그런데 한 가지 흥미로운 사실은, 삼각형의 밑변으로 어떤 변을 선택해도 된다는 것이다.(오른쪽 그림은 똑같은 삼각형을 돌려서 세워 놓은 것이다.)

b와 h를 측정한 다음, 넓이를 구하면 똑같은 답이 나올 것이다! 예를 들면, 이 경우에 b는 6cm이고, h는 12cm가 나올 것이다. 이것을 공식에 대입하면,

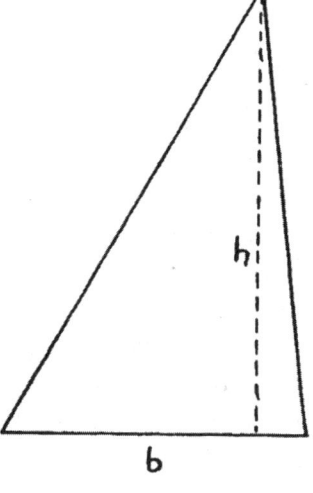

$$6 \times 12 \div 2 = 36(\text{cm}^2)$$

공식은 정말 대단하지 않은가?

51

다음에 공식을 써 먹을 수 있는 또 하나의 도형이 있다.

사각형이 완전한 직사각형이 아니고, 마주 보는 두 변의 길이가 서로 다르다고 하자. 그것은 아래 그림과 같은 모습을 할 것이다(마주 보는 두 변의 길이가 평행한 이런 도형을 사다리꼴이라고 부른다).

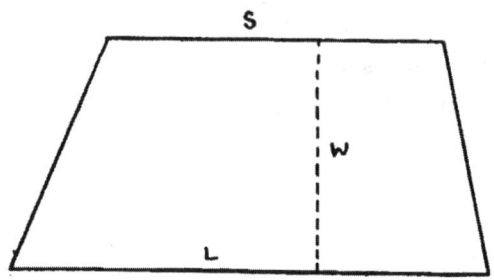

사다리꼴의 넓이를 구하기 위해서는 세 가지 길이를 측정해야 한다. 밑변의 길이(L), 윗변의 길이(S), 두 변 간의 직선거리(W)가 그것이다. 그러면 사다리꼴의 넓이를 구하는 공식은 다음과 같다.

$$\frac{(L+S)W}{2}$$

또는, 부호들을 다 넣어 나타내고 싶으면,

$$(L+S) \times W \div 2$$

공식에 괄호가 포함되어 약간 복잡해 보이긴 하지만, 괄호가 왜 있는지는 알고 있겠지? 괄호 속의 식들을 먼저 계산하라는 뜻이잖아.

사다리꼴을 측정했더니 $L=10\,cm$, $S=6\,cm$, $W=5\,cm$가 나왔다고 하자. 공식에 이 값들을 집어넣으면,

$$\frac{(10+6) \times 5}{2}$$

괄호 속의 덧셈을 먼저 계산한다. 따라서, $10+6=16$. 그러면 위의 공식은 다음과 같이 쓸 수 있다.

$$\frac{16 \times 5}{2}$$

이것을 계산하면 $80 \div 2 = 40(\text{cm}^2)$.

혹시 '007'과 같은 스파이 영화에서 비밀 공식에 관한 이야기를 들어 보았는지? 그러한 공식이 아주 어렵고 비밀스러운 것이라고 생각했겠지? 그렇지만 실은 문자가 나타내는 것이 무엇인지 알기만 한다면, 그러한 비밀 공식을 발견했을 때, 혼자서 그 답을 알아 낼 수 있다. 나중에 여러분은 선생님조차 알지 못하는 정말 엄청난 공식을 알게 될 것이다.

다시 넓이를 구하는 문제로 되돌아가기로 하자. 삼각형이나 직사각형과 같이 변이 직선으로 된 도형의 넓이를 구하는 것은 대개의 경우 아주 쉽다. 다음과 같이 복잡해 보이는 도형도 마찬가지이다.

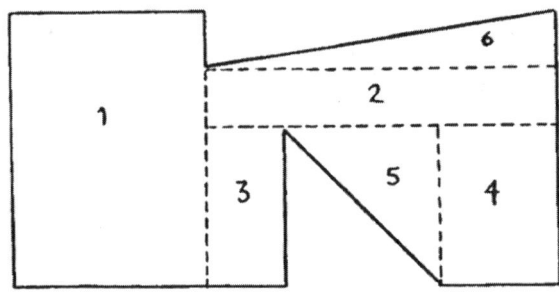

그림에서 보는 바와 같이, 도형을 삼각형과 직사각형으로 잘 분해하기만 하면 작업의 절반은 끝난 셈이다. 그런 다음, 각각의 삼각형과 직사각형의 넓이를 구해서 서로 더해 주면 된다.

변이 곡선으로 된 도형들의 경우에는 넓이를 구하기가 상당히 어렵다. 그렇지만 원의 경우에는 파이(π)라고 하는 멋진 기호를 포함한 공식을 사용해 넓이를 쉽게 구할 수 있다.

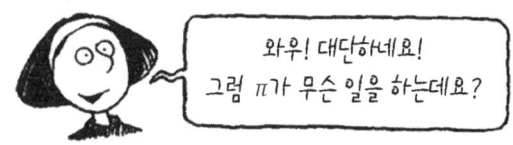

π에 대해 여기서 이야기할 때는 아니지만, '이상한 수들'이란 장을 들춰 보면 설명이 자세히 나올 것이다.

일일이 자로 재거나 공식을 사용해 계산을 하는 것이 넌더리난다는 사람을 위해, 아무리 어려운 도형의 넓이라도 간단히 구할 수 있는 교묘한 방법을 소개하고자 한다.

그것은 넓이를 구하고자 하는 도형을 모눈종이 위에다 그리기만 하면 된다. 그런 다음, 그 도형 속에 들어간 정사각형의 수를 일일이 센다. 가끔 도형의 선이 정사각형을 가르며 지나가는 경우를 만날 것이다. 그 때에는 도형 속에 포함된 정사각형이 도형 밖에 있는 나머지 정사각형 부분보다 클 경우에만 그 정사각형을 1개로 쳐 준다.

만약 더욱 정확한 값을 얻고 싶다면, 1cm × 1cm의 정사각형 대신에 1mm × 1mm의 작은 정사각형이 그려진 모눈종이

를 사용하면 된다. 그렇지만 이 경우에는 정사각형의 수를 세느라고 고생 좀 해야 할걸!

그런데 가만! 이게 무슨 썩은 냄새지? 악취를 풍기는 어떤 사람이 이 근처 어딘가에 숨어 있는 것이 아닐까? 그렇지만 그것은 괜한 상상인지도 모른다. 그렇지만 또 그렇지 않을 수도 있지 않겠어? 어쨌든 일단은 그런 데 신경쓰지 말고 진도나 나가자.

부피의 측정

부피를 측정하는 것은 깨끗한 직육면체(반듯한 직사각형 모양의 면 6개로 이루어진 입체도형)가 아닌 경우에는 정말 어렵다. 직육면체의 경우에는 가로, 세로, 높이의 길이를 재어 서로 곱해 주기만 하면 된다. 이것은 공작 부인이 연못에 들어가는 물의 양을 계산한 방법과 똑같다. 공식으로 나타내면 다음과 같다.

$$부피 = 가로 \times 세로 \times 높이 = lwd$$

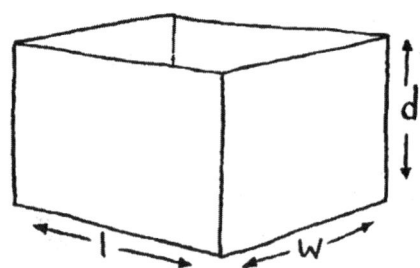

직육면체가 아닌 다른 모양의 부피를 구하는 것은 정말 어렵다. 공과 같은 구의 부피는 π가 포함된 공식을 사용해 구할 수 있지만, 여러분의 발과 같이 울퉁불퉁한 물체의 부피를 구

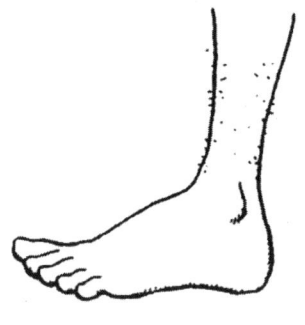

하려면 어떻게 해야 할까? 여러분은 이를 악물고 앞으로 몇 년 이상 열심히 적분을 공부한 다음에야 겨우 그것을 구할 수 있을 것이다.

그런데 그렇게 골치를 썩이지 않고서도 아주 간단하게 답을 얻을 수 있는 멋진 방법이 있다.

발의 부피를 재는 방법

준비물:
- 큰 세숫대야나 물통
- 발
- 부피를 측정할 수 있는 메스 실린더
- 커다란 쟁반
- 이해심이 넓은 친구

세숫대야를 쟁반 위에 놓고, 물을 세숫대야에 넘칠락말락하게 붓는다.

신발을 벗고, 양말도 벗는다…….

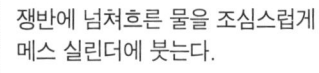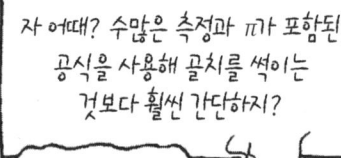

그런데 이게 무슨 고약한 냄새지? 웩! 여러분은 냄새가 나지 않는가? 오, 노! 이 끔찍한 냄새는……. 그렇다! 바로 찰거머리 박사다! 찰거머리 박사도 이 책을 읽고 다음과 같은 문제를 여러분에게 던졌다.

하하하! 안녕, 돌대가리 독자 여러분
나는 찰거머리 박사다. 그러니까 이제 사물을
측정하는 것에 대해 모든 것을 다 알았다고?
과연 그럴까? 만약 여러분이 그렇게 똑똑하다면,
다음 문제를 한번 풀어 보시지.

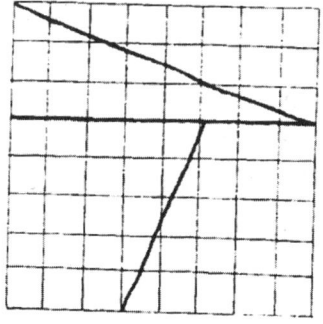

위의 정사각형을 자세히 보라.
가로, 세로 각 변에는 각각 8개씩의 작은
정사각형이 있다. 작은 정사각형의 수를 모두
세면 몇 개일까? 멍청한 친구들은 하나하나 세어
보겠지만, 8×8=64개이다.

다음 페이지로 갈 것 ⟫⟶

그렇다면, 굵은 선으로 표시된 곳을 자른 다음, 아래와 같은 모양으로 배열해 보라.

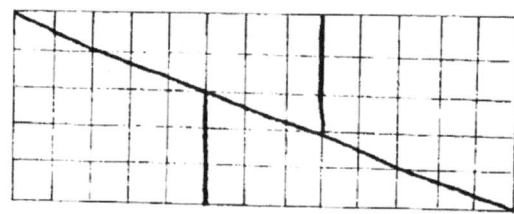

다 했는가? 이것은 한 변은 13개, 또 다른 변은 5개의 정사각형으로 이루어진 직사각형이다. 그렇다면 그 넓이를 계산해 보라.(작은 정사각형의 수를 일일이 세어 보아도 된다.) 어느 쪽으로 계산하든, 이 직사각형의 넓이는 65개의 작은 정사각형이다.
이제 이상한 것을 눈치챘는가? 처음에 없던 하나의 정사각형이 어디서 나타난 것일까? 하하하!

-여러분의 끔찍한 벗 찰거머리 박사-

아니, 이럴 수가! 그렇다면 지금까지 배운 것이 모두 잘못된 지식이란 말인가? 무엇이 잘못되었는지 알아보는 가장 좋은 방법은 첫번째 그림을 정사각형들이 정확하게 그려진 종이 위에 옮겨 그린 다음, 정확하게 선을 따라 자르고, 두 번째 모양을 만들어 보는 것이다. 그러면 정사각형 하나가 어디로 사라졌는지 알 수 있을 것이다!

한편, 병원에서는 ……

많은 사람들이 삼겹살 포키를 문병하러 왔다.

"자네가 아니었더라면 우린 모두 죽었을 거야." 족제비 위즐이 말했다.

"맞아. 자네가 폭발의 충격을 엉덩이로 막아 주지 않았더라면, 우리는 결코 복도를 빠져 나오지 못했을 거야." 가브리아니도 맞장구쳤다.

삼겹살 포키는 한 번도 영웅적인 일을 해 본 적이 없었기 때문에 아주 기분이 좋았다(다만, 엉덩이가 몹시 쑤셔서 기분이 안 좋았지만).

그 때, 하이힐이 또각거리는 소리가 들려 왔다.

"좋아요, 여러분. 이제 그만 하고 일하러 갈까요?" 그것은 돌리였다.

"무슨 일 말이야?" 면도날 보첼리가 물었다.

"천만 달러 빚진 것 생각 안 나요?"라고 돌리가 말했다. "거기에 덧붙여 이자도 갚아야 해요."

"이자는 또 뭐람?"

"현명하게 처신하세요." 돌리가 말했다. "그런 큰 돈을 쏟 아부은 사람의 비위를 거슬렸다가 어떻게 되겠느냐구요. 그는 당신들을 다시 감옥으로 돌려 보낼 거예요. 그런데 전에 있던 감방은 폭파돼 날아가 버렸고, 여러분이 갈 수 있는 곳은 이제 '죽음의 계곡'이라는 감옥뿐이에요. '죽음의 계곡'이 어떤 곳 인지는 들어 보았겠죠?"

물론 그들은 그 곳을 잘 알고 있었다. 그 곳에서는 새로 입 소한 죄수를 단번에 알아볼 수 있다고 했다. 왜냐하면, 새로온 죄수는 아직 두 귀가 멀쩡하기 때문이다. 게다가, 교도소장은 이빨에도 문신이 새겨져 있고, 경비견은 기다란 코와 짧은 다 리를 가진 아프리카하운드종이라고 했다(방문객 몇 사람이 수 수께끼처럼 실종된 다음부터 교도소를 관리하는 당국자들은 '악 어'라는 이름을 사용하지 않는다고 한다).

"게다가, 식사는 먼젓번 식사에서 남은 것만 준대!" 삼겹살 포키가 울상이 되어 말했다. "지난 19년 동안 하루에 세 번씩 계속 나온 감자도 있대."

"그러면 전부 몇 번이나 나온 거죠?" 돌리가 물었다.

"그걸 내가 어떻게 알아?" 포키가 말했다.

"그건 아주 간단한 셈이잖아요! 3 곱하기 365 곱하기 19 하면 되잖아요?"

"20,805번." 넘버스가 대답했다.

"수학은 계집애 같은 녀석들이나 하는 거야." 면도날 보첼리가 말했다. "그 따위가 무슨 소용이 있어?"

"천만 달러에 대한 이자는 일 주일에 15퍼센트예요." 돌리가 말했다. "그러니까 아무것도 안 하면 매일매일 그만큼 더 많은 돈을 빚지게 되는 거예요."

"매일매일이라고?" 면도날 보첼리가 깜짝 놀라 소리쳤다. "얼마나 많이?"

"그걸 알고 싶으면 계집애 같은 녀석이 되어 한번 계산해 보시지요."

지겹다는 듯이 한숨을 쉬고 나서, 돌리는 핸드백을 열어 손거울을 바라보며 립스틱을 발랐다. 나머지 사내들은 머리를 맞대고 중얼거리기 시작했다.

돌리는 더 이상 참을 수 없었다.

"덩치 큰 양반, 뒤로 돌아누워요."라고 그녀가 명령했다.

"왜?" 삼겹살 포키가 불만에 찬 목소리로 물었다.

"칠판이 필요해요."

삼겹살 포키가 침대에서 돌아눕자, 엉덩이를 감고 있던 커다란 붕대가 드러났다.

"잘 들어요." 돌리가 말했다. "일 주일에 이자가 15퍼센트라는 것은, 빚이 100달러라면 일 주일 후에는 거기다가 이자를 15달러 더 붙여 갚아야 한다는 뜻이에요."

"그게 전부야?" 면도날 보첼리가 냉소하며 말했다. "겨우 일 주일에 15달러란 말이지?"

돌리는 그 숫자를 포키의 붕대 위에다 립스틱으로 썼다.

"그건 100달러를 빌렸을 경우이고, 여러분은 모두 천만 달러를 빚졌다고요. 천만 달러는 100달러가 몇 개 있어야 되지요?"

"십……십만 개." 넘버스가 말했다.

"거기다 모두 15달러씩의 이자를 물어야 한다고?" 족제비 위즐이 물었다.

"그래요. 그러니까 일 주일에는……."

"150만 달러의 이자를 물어야 해." 다시 넘버스가 가로채며 말했다.

"오케이, 무슨 말인지 이제 알아들었어." 면도날 보첼리가 말했다. "그러면 내일부터 일을 시작하자구."

"정말 그렇게 여유 부릴 시간이 있을까요? 일 주일에 150만 달러면 하루 이자만 해도 20만 달러가 넘어요. 그러니까 내일 이 시간이 되면 여러분은 20만 달러를 더 빚지는 거예요."

"오늘부터 당장 일하기로 해." 전기톱 찰리가 말했다. "나는 수학은 잘 모르지만, 파산이 어떤 것인지는 잘 알아. 우리가 지금 당장 움직이지 않으면 우린 파산하고 말 거라고!"

"좋아요." 돌리가 말했다. "화물 적하장으로 당장 내려가요. 한 시간 후에 그 곳 신호탑에서 만나기로 해요."

속력

몇 가지 속력에 대해 알아보자.

- 가장 빨리 달리는 단거리 육상 선수는 초속 약 10 m로 달린다.

- 빛은 초속 약 30만 km로 달린다.

- 육상 동물 중 가장 빠른 치타는 시속 약 100 km로 달릴 수 있다.

- 아주 빠른 달팽이는 시속 약 50 m로 달린다.

- 대륙이 이동하기 때문에 뉴욕과 런던은 매년 20mm씩 멀어져 가고 있다(매년 비행기 운임이 비싸지는 것도 이유가 있었군!).

만약 위에 소개된 모든 것이 경주를 한다면, 과연 누가 우승할까?

그런데 단위들이 뒤죽박죽으로 섞여 있지? 초속 몇 킬로미터는 시속 몇 미터보다 더 빠른가? 연간 수 밀리미터는 초속 몇 미터보다 더 빠른가? 과연 어떤 속력이 가장 빠른 것일까?

속력은 아주 간단하다. 속력에 대해서는 오직 한 가지만 알면 된다. 그 한 가지란 바로 이것.

속력은 움직인 '거리'를 걸린 '시간'으로 나눈 것이다.

앞에서 공식들에 대해 알아보았으니까, 여기서도 공식을 사용하기로 하자.

$$속력 = \frac{거리}{시간}, \quad 또는 \quad S = \frac{D}{T}$$

'시속 10 km'라는 속력은, 10 km를 가는 데 한 시간이 걸린다는 뜻이다.

이제 더 어려운 질문으로 들어가자.

시속이나 초속이란 말은 무슨 뜻일까? 시속 30 km는 시간당 30 km란 뜻과 같다. 즉, 한 시간 동안에 30 km를 움직인다는 뜻이다. 마찬가지로, 초속도 1초당 움직인 거리를 말한다. 여기서 '당'은 나누기로 생각해도 되며, '/'라는 부호로 나타낼 수 있다. 그래서 시속 30 km는 30 km/h, 초속 3 m는 3 m/s라고 쓴다. 여기서 'h'는 시간(hour)을, 's'는 초(second)를 나타낸다.

자, 당신이 롤러스케이트를 타고 두 시간당 28 km의 속력으로 달릴 수 있다고 하자. 좀 이상한 말처럼 들린다고? 그렇지만 잘못된 것은 없다. 두 시간당이라는 말이 좀 어색하게 들릴 뿐이지. 그것을 시속으로 나타내기 위해서는 두 시간에 달린 거리를 두 시간으로 나누어 주면 된다. 그러면

$$\text{롤러스케이트의 속력} = \frac{28\,\text{km}}{2\text{시간}}$$

아주 간단하지? 28을 2로 나누어 주면,

$$\text{롤러스케이트의 속력} = \frac{14\,\text{km}}{1\text{시간}}$$

그러니까 롤러스케이트의 속력은 시속 14 km, 즉 14 km/h이다.

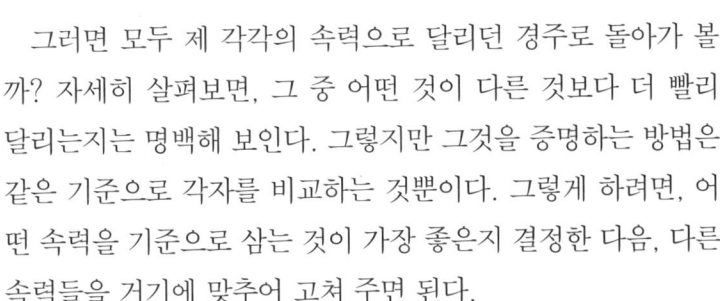

    그러면 모두 제 각각의 속력으로 달리던 경주로 돌아가 볼까? 자세히 살펴보면, 그 중 어떤 것이 다른 것보다 더 빨리 달리는지는 명백해 보인다. 그렇지만 그것을 증명하는 방법은 같은 기준으로 각자를 비교하는 것뿐이다. 그렇게 하려면, 어떤 속력을 기준으로 삼는 것이 가장 좋은지 결정한 다음, 다른 속력들을 거기에 맞추어 고쳐 주면 된다.

    '초당 미터'를 우리의 기준 단위로 삼는 것이 좋을 것 같다. 그것은 m/s로 나타낼 수 있다.

맨 먼저, 육상 선수는 10 m/s로 달린다고 했다. 이야! 이것은 손도 댈 필요가 없잖아?

그 다음, 빛은 초속 30만 km로 달린다고 했다. 1 km = 1000 m이므로, 30만 km는 300,000,000 m이다.

따라서, 빛의 속도는 300,000,000 m/s이다.

가장 빠른 육상 동물인 치타는 시속 100 km로 달린다고 했다. 앞에서와 같은 방법으로 km 단위를 m 단위로 바꾸어 준다. 그러면 치타는 한 시간에 100,000 m를 달린다.

잠깐만! 그것만으로는 안 된다. 다른 것들과 치타의 속력을 비교하기 위해서는 한 시간이 아니라 1초에 치타가 얼마나 빨리 달리는지 알아야 한다.

$$\text{한 시간에 달리는 치타의 속력} = 100{,}000 \, \text{m/h}$$

이것을 초속으로 바꾸려면, 한 시간은 몇 초인지 알아야 한다. 그것은 어렵지 않다. 한 시간은 60분이고, 1분은 60초이므로, 한 시간은 60 × 60 = 3600초이다. 따라서,

$$\text{1초에 달리는 치타의 속력} = \frac{100{,}000 \, \text{m}}{3600 \, \text{s}}$$

이것을 계산만 하면 된다. 계산기를 사용할 때에는 늘 0의 개수를 정확하게 누르는 데 주의해야 한다!

$$\text{치타의 속력} = 100{,}000 \div 3600$$
$$= 27.7777777777777777 \, \text{m/s}$$

그런데 웬 7이 이렇게 계속 많이 나온담? 소수점 뒤에 나오는 것들이므로, 대부분의 7은 떨궈 버리고 27.78 m/s라고 쓸 수 있다.

　8은 7들을 떨궈 버릴 때 반올림을 하면서 나왔다. 원래의 수가 27.777이었다고 가정하자. 이것을 좀더 간단하게 나타내기 위해 마지막 자리 하나를 없앨 때, 그 숫자가 5 이상이면 그 위의 자리에 1을 더해 주는 것이다. 그래서 27.78이 된다. 이것이 반올림의 규칙이다.

　그러면 치타의 속력은 구했고, 그 다음에 가장 빠른 달팽이는 시속 50 m로 달린다고 했다. 달팽이가 치타보다 빨리 달릴 수 없다는 것은 자명하지만, 그래도 우리는 정확한 수치로 그것을 비교할 수 있어야 한다. 달린 거리가 m로 나타나 있으니 그것은 그대로 사용하면 된다. 다만, 시간을 초로 바꾸어 주어야 한다. 앞에서와 같은 방법으로,

$$\text{달팽이의 속력} = \frac{50\text{m}}{3600\text{s}} = 50 \div 3600 \text{m/s}$$
$$= 0.0138888888888\text{m/s}$$

　여기서도 계속되는 8자가 거추장스러우므로 반올림하여 0.01389 m/s라고 쓰기로 하자.

　마지막으로, 뉴욕은 1년에 20 mm 움직인다.

$$\text{뉴욕의 속력} = \frac{20\,\text{mm}}{1\text{년}}$$

우선, 20mm를 m 단위로 바꾸면 0.02m이다. 그 다음에는 년을 초로 바꾸어 주어야 한다. 1년에는 몇 초가 있을까?

1년은 365일이고, 하루는 24시간, 한 시간은 60분, 1분은 60초이므로

$$365 \times 24 \times 60 \times 60 = 31536000(초)$$

그런데 꼭 이런 말을 하는 친구가 한 명씩은 있다.

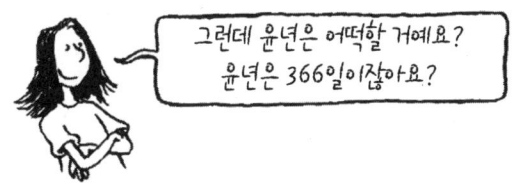

그런데 윤년은 어떡할 거예요? 윤년은 366일이잖아요?

이런 학생을 가르치느니 수학 선생님은 차라리 서커스단에 가서 동물을 가르치고 싶어할 것이다.

저 사람 말은 듣는 게 좋아. 안 그러면 수학 숙제를 잔뜩 내 준대.

밥 한 그릇에 밥알이 정확하게 몇 알이나 들어 있는지 또는 두루마리 화장지 한 뭉치에 화장지 조각이 몇 개나 붙어 있는지 알고 싶어하는 괴상한 사람이 아닌 한, 윤년에 하루가 더 많다는 사실은 별로 중요하지 않을 것이다.

다시 뉴욕의 속력으로 돌아가 m/s로 나타내면,

$$뉴욕의\ 속력 = \frac{0.02\,m}{31536000\,s}$$

이것을 계산하면, 뉴욕은 0.0000000006342 m/s의 속력으로 움직인다.

그러면 경주에 나선 다섯 물체의 속력을 모두 m/s로 나타냈다. 그것들을 서로 비교해 보자.

그 결과는 정말 놀랍지 않은가? 빛은 뉴욕보다 훨씬 빠르다. 겨우 그걸 알아 내려고 이 법석을 떨었느냐고?

이젠 여러분도 골라크인의 침략에 대해 크게 불안을 느낄 것이므로, 우리가 얼마나 오래 살 수 있을지 알아보기로 하자. 최소한 우리는 골라크인의 진격 속도를 초속으로 계산할 수 있는 정보를 충분히 가지고 있다.

골라크인의 진격 속도 = 180글롬프/널트

이것을 초속으로 계산하면,

$$\text{골라크인의 진격 속도} = \frac{180 \times 19 \, m}{3 \times 24 \times 60 \times 60 \, s}$$

$$= \frac{3420 \, m}{259200 \, s}$$

이것을 계산하면 전투선의 진격 속도는 $0.01319 \, m/s$이다.

뭐라고? 잠깐만! 우리는 이미 달팽이의 속력이 $0.01389 \, m/s$라고 앞에서 계산하지 않았던가?

오! 그러니까 달팽이가 골라크인의 전투선보다 약간 더 빠른 셈이다.

이래서 지구는 다시 평온을 되찾았다. 그러나 만약 골라크인들이 『수학이 수군수군』이나 『수학이 또 수군수군』을 읽었더라면 지구의 운명은 달라졌을 것이다!

면이 하나뿐인 종이

저자에게,

　저는 당신의 책에서 '면이 하나뿐인 종이'라는 장을 방금 읽어 보았습니다. 면이 하나뿐인 종이라뇨?
　말도 안 됩니다! 저도 수십 년간 수학을 가르쳐 왔지만, 그런 터무니없는 것은 들어 본 적이 없습니다. 저는 당신에게 세 가지만 말하고자 합니다.
1) 당신은 아주 어리석은 사람입니다.
2) 만약 내 학생들 중에 당신의 책을 읽는 학생이 발견되면 저는 그 책을 빼앗아 너덜너덜 해어진 내 낡은 양말처럼 만들어 놓을 것입니다.
3) 만약 당신이 내가 가르치는 학급에 들어온다면, 나는 당신에게 커다란 글씨로 "종이를 낭비하지 않겠습니다"를 1만 번 쓰게 하겠습니다.

　　　　　　　　　　매우 불쾌한 독자
　　　　　　　　　　막무가내

　죄송하군요, 막무가내 씨. 당신은 이 책을 별로 좋아하지 않는군요.

보통 종이에 대해 생각해 보자. 모든 종이는 양면을 가지고 있다. 그것은 명백하다. 그리고 모서리 둘레는 면의 경계를 이룬다. 그야 당연하지!

한 미치광이 발명가가 죽음의 색을 발명했다고 가정하자.

그래서 여러분은 이제 가진 종이 전부를 검은색으로 칠하여 죽음의 색이 보이지 않도록 덮어 버려야 한다. 그러기 위해서는 다음과 같이 해야 한다.

1. 일단 종이의 한쪽 면부터 칠하기 시작하여 경계가 끝나는 모서리까지 칠해 나간다.
2. 종이의 모서리에 이르면, 그 모서리를 넘어가 반대면을 칠하기 시작한다.
3. 그러면 양면이 모두 검게 칠해져 죽음의 색이 보이지 않을 것이다.

여기서 중요한 것은, 종이 전체를 완전히 검게 칠하려면 모서리를 넘어가야 한다는 사실이다(종이에는 양면이 있으므로). 그렇지만 만약 종이가 한 면만 있다면, 모서리를 넘어가지 않고서도 죽음의 색을 완전히 덮어 버릴 수 있다!

면이 하나뿐인 종이를 만드는 법

1960년대에 이러한 종류의 일들은 '현대 수학'이라고 불렀다. 지금은 그러한 것들이 이미 낡은 수학이 되어 버렸지만, 그래도 여전히 흥미를 자아낸다.

필요한 것은 기다란 종이 두 조각이다. 슈퍼마켓에 가서 물건을 많이 사거든 계산서를 꼭 챙기도록 하라. 이 실험에 아주 적격이니까. 그리고 풀과 접착 테이프도 필요하다.

1. 종이 한 조각의 양끝을 붙여 오른쪽 그림처럼 큰 원을 만든다.

2. 다른 종이를 가지고 역시 똑같이 하되, 양끝을 붙이기 전에 한쪽 끝을 180° 비틀어(즉, 위아래가 바뀌게) 붙인다.

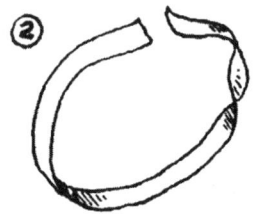

두 번째에 만든 이 원이 바로 면이 하나뿐인 종이이다! 발명한 사람의 이름을 따 이것을 '뫼비우스의 띠(Möbius strip)'라 부른다.

뫼비우스... 참 이름도 괴상하네!

1. 첫 번째 원형 띠를 가지고, 중심 부분을 따라 선을 죽 그어 출발점에 돌아올 때까지 연결

해 보라. 어떻게 되는가? 이 띠는 양면을 가지고 있기 때문에, 한 면에는 선이 그어져 있고, 반대쪽 면에는 선이 그어져 있지 않을 것이다.

2. 두 번째 띠에다가 마찬가지 방법으로 선을 그어 보라. 그러면 종이의 모서리를 넘어가지 않고서도 양면 모두에 선이 그려질 것이다. 이것은 이 종이가 한 면만을 가지고 있기 때문이다! 만약 이 띠에 죽음의 색이 칠해져 있다면, 당신은 모서리를 넘어가지 않고서도 검은색으로 그것을 덮을 수 있을 것이다.

흥미로운 사실이 또 있다. 두 원 중 하나는 한 바퀴 빙 돌아가는 모서리가 두 개 있지만, 다른 원은 그러한 모서리가 하나뿐이다! 이것을 증명하려면, 깊은 사랑에 빠진 잘 훈련된 개미 두 마리가 필요하다.

첫 번째 원 위에다가 개미들을 각각 반대편 모서리 위에다 올려놓는다. 그리고 개미들에게 사랑하는 자기 짝을 찾아가라고 한다. 단, 모서리 위에서만 이동해야 한다. 그 무슨 끔찍한 형벌이람! 그렇게 해서는 이 한 쌍의 개미는 천 년이 가도 서로 만날 수가 없다!

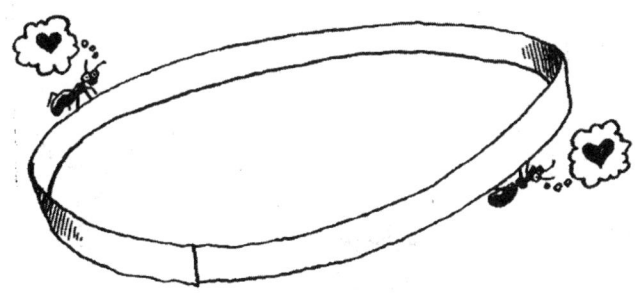

그러나 만약 개미들을 두 번째 원의 모서리 위에다 올려놓는다면, 개미들은 모서리를 죽 따라가다가 서로 만나게 된다. 이것은 두 번째 원에서는 두 모서리가 서로 연결돼 있기 때문이다. 사실, 면이 하나뿐인 종이는 모서리도 하나뿐이다!

마술 트릭

손이 바들바들 떨리지 않는다면, 가위를 가지고 다음 실험을 해 보라. 첫 번째 원형 띠를 집어들고 중심에 그은 선을 따라 가위로 자른다(개미들을 조심하라. 지시를 어기고 가운데에서 서로 엉겨붙어 있을지도 모르니까).

다 자르고 나면, 폭이 더 좁은 원형 띠 두 개가 생길 것이다. 그리고 가운데에 있던 어떤 물체를 잘랐다면, 그것은 틀림없이 두 동강이 났을 것이다.

이번에는 깜짝 놀랄 일을 보게 될 것이다. 두 번째 원형 띠를 집어들어 중심선을 따라 가위로 잘라 보라. 자, 무엇이 나타났는가?

면이 하나뿐인 종이를 가지고 하는 실험에 재미를 느낀다면, 이것도 한번 해 보라.

한 번 비틀어 붙인 원을 하나 더 만든다(두 번째 원형 띠를 만든 것처럼). 그리고 중심을 따라 선을 긋는 대신에, 모서리에 가까운 곳을 따라 선을 그으면서 원래의 출발점으로 돌아올 때까지 계속 선을 긋는다(그러면 원 둘레를 두 바퀴 돌게 될 것이다).

그리고 그 선을 따라 가위로 자르면 어떤 일이 일어날지 추측할 수 있겠는가? 직접 확인해 보라.

놀라운 착각

자, 친구들을 놀라게 만들 수 있는 뫼비우스의 띠 마술을 소개한다.

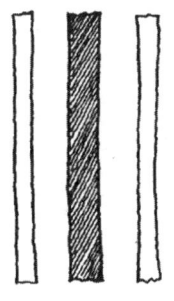

1. 기다란 종이 띠 3개를 준비한다. 3개의 종이 띠는 모두 길이가 똑같아야 하고, 그 중 하나는 다른 것들보다 폭이 좀더 넓어야 한다. 폭이 넓은 것을 집어들어 빨간색과 같이 밝은 색을 칠한다.

2. 폭이 넓은 것을 샌드위치처럼 가운데에 끼운다.

3. 이 샌드위치의 양끝을 붙잡고 세 겹의 뫼비우스의 띠를 만드는 것처럼 한 번 꼬아 준다.

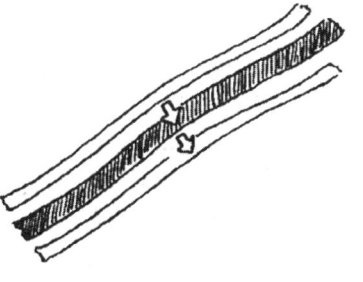

4. 폭이 넓은 띠의 양끝을 풀로 붙이고, 나머지 두 띠의 양끝도 풀로 붙인다. 그러면 서로 이어 붙인 부분이 3개가 될 것이다.

5. 이렇게 만든 것을 친구들한테 보여 준다. 두 개의 띠 가운데를 빨간색 띠가 가르며 지나간다는 것을 확인시킨다. 빨

간색 띠가 폭이 약간 더 넓기 때문에 한 바퀴 빙 도는 동안 나머지 두 띠로부터 분명하게 구별되는 것을 볼 수 있다. 그리고 무엇보다도, 폭이 좁은 두 띠가 서로 닿아 있지 않다는 것은 명백하다!

6. 이제 친구들에게 빨간색이 아닌 두 띠를 분리시켜 보라고 (종이를 찢는 일 없이) 말한다.

저자에게

 '면이 하나뿐인 종이'라는 괴상한 장을 읽고 나서 저는 거기에 나오는 실험들을 직접 해 보기로 했습니다. 저는 사랑에 빠진 개미 한 쌍을 찾아 내 종이의 모서리를 따라 걸어가도록 훈련시키느라 일 년을 보냈습니다. 불행하게도, 개미들은 겨우 몇 주만 살았기 때문에 저는 죽은 개미들을 붙잡고 걸으라고 소리치면서 몇 달을 낭비했습니다. 성냥개비 끝에 꿀을 묻혀 원형 띠의 모서리를 따라 걷게끔 유혹도 하면서 말입니다.
 독자 중에서 나말고도 많은 사람들이 당신의 무책임한 책 때문에 이와 똑같은 일을 했으리라고 믿습니다. 그러니 저자는 자신이 저지른 일을 부끄러워해야 할 것입니다.

당신을 저주하는
막무가내

이상한 수들

"수에 이상할 게 뭐가 있어?"라고 당신은 되물을지 모르겠다. 그렇게 생각한 사람은 당신뿐만이 아니다.

그리스의 수학자 피타고라스(Pythagoras)는 모든 것을 깨끗한 정수로 나타낼 수 있다는 것을 보여 주려는 일종의 강박 관념을 가지고 있었다. 한 가지 예는 3-4-5 삼각형이다.

3-4-5 삼각형

고대의 건축가들은 직각, 그러니까 똑바른 모퉁이를 측정하는 방법을 알아야 했다. 그러한 목적으로 사용되는 도구로 삼각자가 있다.

삼각자는 도면에 그려진 도형의 각을 확인하거나 마분지나 상자와 같이 작은 물체의 직각을 확인하는 데 아주 좋다. 그러나 건물의 옆면을 직각으로 표시해야 한다고 할 때, 조그마한 삼각자가 도움이 될까? 별로 큰 도움이 되지 않는다.

고대 이집트 시대의 사람들은 직각을 만드는 특별한 방법을 사용했다.

똑같은 간격으로 12개의 매듭이 표시된 밧줄

밧줄에다 똑같은 간격으로 12개의 매듭을 만든다. 그런 다음, 밧줄을 가지고 간격이 각각 세 마디, 네 마디, 다섯 마디가 되도록 삼각형 모양을 만든다. 그러면 그 삼각형은 직각삼각형이 된다! 12개의 매듭 간격만 일정하게 유지해 준다면, 밧줄의 길이는 얼마든지 길어도 상관이 없다. 밧줄로 만든 삼각형을 팽팽하게 잡아당김으로써 얼마든지 큰 직각도 표시할 수가 있다.

피타고라스는 3, 4, 5와 같은 깨끗한 정수로 사물들을 나타내는 것을 아주 좋아했다. 그러한 것은 생활을 확실하고 간단하게 만들어 주었으므로, 그의 추종자들은 피타고라스야말로 정말로 대단한 위인이라고 생각했다. 실제로, 그들은 피타고라스가 다음의 굉장한 사실을 발견했을 때, 피타고라스를 더욱 숭배하게 되었다.

잘 모르는 사람을 위해 설명을 덧붙인다면, 제곱은 어떤 수에다 그 자신의 수를 한 번 더 곱해 주는 것을 말한다. 그리고 그 수의 오른쪽 위에다 작은 글씨로 '2'라고 써서 그 수를 제곱했다는 것을 나타낸다. 예를 들면, 6의 제곱은 6×6을 뜻하며, 그 값은 36이다. 어떤 수든지 제곱이 가능한데, 예컨대 1763^2은 3,108,169이다. 제곱 중에서 가장 쉬운 것은 1^2이다. $1 \times 1 = 1$이니까.

이제 제곱에 대해 알았으면, 세 변의 길이가 각각 3, 4, 5인 삼각형은 피타고라스의 정리가 성립하는지 확인해 보라. 피타고라스의 정리에 따르면, $3^2 + 4^2 = 5^2$이 되어야 한다. 각각의 제곱을 계산하면 $9 + 16 = 25$이므로 피타고라스의 정리가 성립한다는 것을 알 수 있다.

직각삼각형이 되는 세 변의 비는 3:4:5말고도 다음과 같은 것들이 있다.

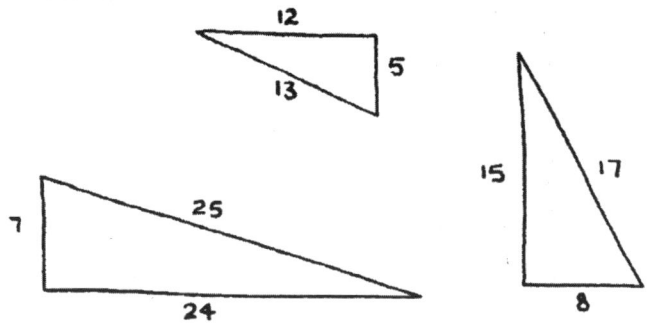

어쨌든, 피타고라스와 그의 추종자들은 이러한 사실들에 만족하면서 행복한 나날을 보냈는데……. 그러던 어느 날,

문제는 바로 여기서 시작되었다. 여러분은 한 변의 길이가 1인 정사각형의 대각선 길이는 얼마라고 생각하는가?

- 2m?(아니다. 그것은 너무 길다.)
- 1m?(아니다. 그것은 너무 짧다.)
- 1.5m?(좀 가까운 값이긴 하지만, 약간 길다.)
- $1\frac{1}{3}$ m?(역시 가까운 값이긴 하지만, 약간 짧다.)
- $1\frac{2}{5}$ m?(아주 가까운 값이긴 하지만, 역시 약간 짧다.)

피타고라스는 수 년 동안 대각선의 길이를 분모와 분자가 정수인 분수로 나타내 보려고 애썼지만, 결코 그 길이를 정확하게 나타낼 수가 없었다. 그것은 바로 그 답이 우리가 알고자 하는 이상한 수들 중 최초의 수였기 때문이다.

$\sqrt{2}$ 제곱근 2

이 괴상하게 생긴 기호가 마음에 드는가? 이것은 괴짜 수학자들이 도대체 알아볼 수 없는 수식들을 쓸 때 사용하는 기호 중 하나이다. 그렇지만 도대체 그것은 무엇을 의미하는가?

실은 이 기호는 아주 이해하기 쉽다. 어떤 수를 제곱한다는 것은 그 수를 두 번 곱해 주는 것이라고 배웠지? $2^2 = 4$이므로, 2의 제곱은 4. 맞지?

그런데 이것을 거꾸로 말하는 방법이 있다. 즉 "2는 4의 제곱근이다"라고 말할 수 있고, 기호로는 $\sqrt{4} = 2$라고 쓴다.

다행히도 4는 그 제곱근이 정수로 떨어진다. 피타고라스는 이 사실에 매우 기뻐했을 것이다. 그러나 불행하게도, 대부분의 수들은 제곱근이 그처럼 깨끗한 정수로 나오지 않는다.

다음 수 중 제곱근이 정수인 것은 어느 것인지 알아 낼 수 있는가?

1, 2, 3, 4, 5, 6, 7, 8, 9, 10

답은 1과 4와 9이다. 그러면 나머지는? 글쎄!

피타고라스의 고민은 모든 수가 깨끗한 정수로 표시되도록 제곱근을 가져야 한다는 데 있었다. 그것은 피타고라스 학파의 철학이었다. 설사 제곱근이 다음과 같이 복잡한 분수로 표시된다 하더라도 상관 없었다.

$\frac{23}{36}$ 또는 $\frac{641}{1132}$ 심지어는 $\frac{375837}{823391}$

아무리 길고 복잡하다 하더라도, 정수로 나타낼 수 있는 방법만 있으면 되었다. 그러나 어떤 방법으로도 제곱근을 정수로 나타낼 수 없는 수들이 너무나 많았다. 그래서 피타고라스는 무서운 생각을 하기에 이르렀다.

피타고라스는 추종자들에게 이 사실을 비밀에 부칠 것을 맹세하도록 했다. 그러나 그는 2의 제곱근을 피타고라스 학파가 숭배하는 유리수(분수로 나타낼 수 있는 수)로 나타낼 수 없다는 사실을 영원히 숨겨 둘 수는 없었다. 문제는 2의 제곱근을 분수로 나타낼 수 없다는 데 있었다. 2의 제곱근을 나타낼 수 있는 유일한 방법은 1.41421356237…로 시작되는 긴 소수뿐인데, 그것은 끝없이 계속되었다.

3의 제곱근 역시 1.73205080756…으로 끝없이 계속된다.

10과 같은 수는 설마 정수로 표시하는 방법이 있겠지라고 생각하겠지만, 천만의 말씀이다.

$$\sqrt{10} = 3.16227766017\cdots$$

이와 같은 이상한 수들을 '무리수'라고 부른다. 무리수란, '사리에 맞지 않는 수'란 뜻이니, 아주 적절한 이름인 것 같다. 불쌍한 히파소스를 강물에 던져넣게 만들었으니 말이다.

계산기의 비법

계산기에서 어떤 수의 제곱을 빨리 구하고 싶으면, 제곱하고자 하는 수 다음에 ×를 누른 다음, =를 누르면 된다. 예컨대, 17의 제곱을 구하고 싶으면, 17× =를 누르면 289가 나온다. 그 값은 17×17과 같다.

그리고 만약 어떤 수의 제곱근을 빨리 구하고 싶으면, 원하는 수를 누른 다음, √라고 표시된 단추를 누르면 된다. 예컨대, 289의 제곱근을 구하려면, 289와 √를 누르면 된다. 그러면 17이 나올 것이다.

계산기에다 큰 수를 누른 다음, 그 제곱근이 정수로 떨어지는지 알아보는 것도 재미있다. 다음 수들을 가지고 한번 시험해 보라: 1369, 3141, 15129, 36333, 63001.

정수만을 써서 정확하게 나타낼 방법이 없는 무리수는 제곱근들말고도 많이 있다. 넓이를 측정하는 장에서 배웠던 파이(π)라는 수도 무리수이다.

원래 그리스 문자인 π는 가장 중요한 수 중 하나이다. 얼마나 중요하냐 하면, 대부분의 계산기에 π를 나타내는 단추가 따로 마련되어 있을 정도이다.

π는 옛날의 수학자들이 간단한 원을 연구하는 과정에서 나왔다.

대략 이런 과정을 통해 π가 태어났을 것이다.

따라서, 만약 어떤 원의 원주를 알고 싶다면, 지름을 잰 다음, 거기다가 π를 곱해 주기만 하면 된다. 즉,

$$원주 = π \times 지름$$

또는, 더 간단한 공식을 원한다면,

$$C = πD$$

불행하게도, 옛날 사람들에게는 약간의 문제가 있었다. π의 값이 정확하게 얼마인지 알아 낼 수 없었던 것이다!

처음에 그들은 원주가 지름의 3배라고 어림잡았지만, 그것은 실제값보다 좀 작다는 사실을 잘 알고 있었다. 그리스 시대의 천재 수학자 아르키메데스도 그 값이 약 $3\frac{1}{7}$이라고 계산

했지만, 그것이 정확한 값이 아니라는 것은 자신이 잘 알고 있었다.

$3\frac{1}{7}$ 을 소수로 나타내면 3.142857142857142857…이 된다(이 소수는 비록 끝없이 계속되지만, 142857이 계속 반복된다는 사실에 주목할 것).

$3\frac{1}{7}$ 도 π의 실제값에 아주 가까운 값이지만, 컴퓨터가 계산한 가장 정확한 값은 3.14159265358979323846…이다(π는 무리수이기 때문에 반복되는 숫자 단위가 결코 나타나지 않고, 아무런 규칙 없이 무한히 계속된다).

괴짜와 멍청이

위에서 π를 소수 스무째 자리까지 나타낸 것을 보았는데, 그렇게까지 정확한 값을 원하는 사람은 거의 없을 것이다. 그렇지만 컴퓨터를 가지고 노는 괴짜 수학자들은 π의 값을 소수 수십억째 자리까지 계산했다. 그리고 그것만으로 충분치 않은지 기억력이 뛰어나다고 자부하는 사람들은 π의 값을 누가 가장 많이 기억하는가를 놓고 대결을 벌이기까지 한다.

π가 들어가는 몇 가지 공식들

앞에서 놀라운 공식들을 나중에 보여 주겠다고 약속한 것을 기억하겠지? 자, 이제 그것들이 나오니 놀라지 않게 마음의 준비를 단단히 하도록.

이 공식들에는 π뿐만 아니라 r도 포함돼 있다. r은 원의 반지름을 나타낸다. 반지름은 원의 중심에서 가장자리까지의 거리를 말한다. 그리고 r은 지름의 1/2에 해당한다. 이것이야말로 가장 간단한 공식이 된다.

$$r = \frac{D}{2} \quad \text{또는} \quad r = D \times \frac{1}{2}$$

- 위의 공식은 다음과 같이 달리 나타낼 수도 있다. $D = 2r$
- 우리는 원주의 길이 $= \pi D = 2\pi r$이라는 사실을 이미 알고 있다.
- 원의 넓이 $= \pi(r \times r) = \pi r^2$
- 원기둥의 부피 $= \pi r^2 h$

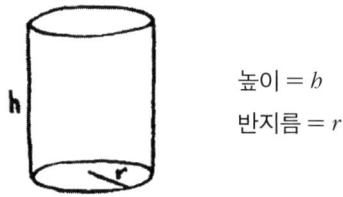

높이 $= h$
반지름 $= r$

- 구의 부피 $= \dfrac{4\pi r^3}{3}$ 또는 $\dfrac{4\pi(r \times r \times r)}{3}$

- 사실, 원을 포함하고 있는 물체는 모두 관련 공식에 π가 들어간다!

마지막으로, 수학 선생님조차 모를 아주 어려운 공식 하나! 공의 끝부분을 약간 잘라 냈을 때, 잘라 낸 그 부분의 부피는 얼마일까?

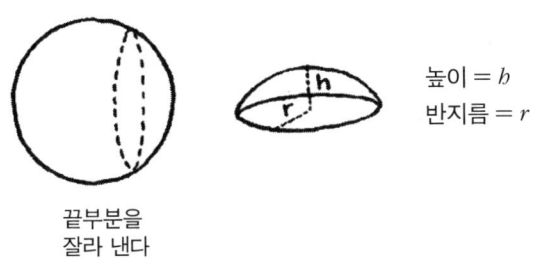

끝부분을
잘라 낸다

● 모자의 부피 = $\dfrac{\pi b(3r^2+b^2)}{6}$

으악! 정말 끔찍한 수학이다!

그런데 솔직하게 털어놔 보시라. 위에 나온 공식들을 정말 이해하는가? 이해하지 못한다고? 그렇다고 걱정하진 마라. 그것은 당신이 이 책의 다른 부분은 더 잘 이해할 수 있다는 뜻일 테니까. 그런데 만약 당신이 위에 나온 공식들을 모두 이해한다면? 혹시 또 알아? 언젠가 당신의 슈퍼 두뇌가 전 우주를 지배할지!

한편, 화물 적하장에서는……

돌리는 신호탑으로 올라가는 계단 꼭대기에서 이미 기다리고 있었다. 그 때, 여섯 명의 사내가 나타났다.
"덩치가 제일 큰 애는 어디 갔어요?" 그들이 헐레벌떡 계단을 올라오자, 돌리가 이렇게 물었다.
"점심을 더 먹느라고 뒤처졌어." 전기톱 찰리가 대답했다. "삼겹살 포키가 점심을 먹겠다고 앉은 이상, 그를 움직이게 하는 것은 불가능해."
"그래요? 그는 아까 제 몫을 충분히 해냈지요."라고 돌리도 인정해 주었다. "오케이, 모두 안으로 들어가요. 여러분이 만나야 할 사람이 있어요."
신호탑에서 퀴퀴한 기름 냄새와 썩은 나무 냄새가 났다. 한쪽 벽에는 커다란 전광판이 매달려 있었고, 반대쪽 벽에는 커다란 창문을 통해 구불구불한 찻길과 보도가 내려다보였다.
"야, 저 많은 레버들 좀 봐." 가브리아니가 말했다.
"그 레버들이 선로 변경 장치와 신호와 열차를 작동시키지요." 헐렁한 작업복을 입은 키 작은 여인이 씩 웃으며 이렇게

말했다. "하나만 잘못 건드려도 이 곳 전체가 난장판으로 변하고 만다우."

"여러분, 해리를 소개하지요." 돌리가 말했다.

"해리?" 모두가 합창하듯 말했다.

"'해리가 샐리를 만났을 때'란 영화도 몰라요? 그 주인공 이름 해리는 내 이름에서 딴 거란 말예요." 키 작은 여인이 느릿느릿 말했다. "내가 씹고 있는 이 담배 맛 좀 보고 싶은 사람 없수?"

"아뇨. 고맙지만 사양하겠소." 그들은 그렇게 중얼거리면서

뒤로 몇 걸음씩 물러났다.

"저 멋진 불빛들은 뭐 하는 거요?" 외손가락 지미가 하나뿐인 손가락으로 벽의 전광판을 가리키며 물었다.

"이 지도는 여기서 포트녹스까지 철도 노선을 나타내는 거예요. 그리고 중간중간의 역도 함께요." 돌리가 대답했다.

"그리고 불빛들은 선로 변경 장치가 어느 방향을 향하고 있는가를 나타내요. 선로 변경 장치는 내가 레버를 움직여서 작동되지요." 해리가 대답했다.

"좋아요, 이제 제 말을 잘 들으세요." 돌리가 말했다. "녹스 급행 열차는 내일 아침 다섯 시에 이 곳을 출발하여 오전 6시 40분 정각에 포트녹스에 도착해요. 그 열차에는 1500만 달러가 실려 있어요."

"그리고 경찰관도 200명쯤 타고 있겠지?" 면도날 보첼리가 말했다.

"경찰은 한 명도 없어요."

"경찰이 없다고?" 전기톱 찰리가 말했다. "그렇다면 기차에 뛰어올라 돈을 훔쳐 가는 것을 누가 막는단 말이야?"

"그런데 1500만 달러가 모두 동전이에요." 돌리가 말했다.

"그렇다면 그것을 열차에서 내리는 데에만 며칠이 걸릴 거야!" 면도날 보첼리가 말했다. "설사 우리가 열차를 멈추게 했다고 치자. 총알이 날아오기 전에 그 돈을 어떻게 옮길 수 있냐고?"

"해리, 설명 좀 해 줘요." 돌리가 말했다.

"포트녹스에 도착하기 5 km 전에 본선에서 갈라져 폐광으로 이어지는 선로들이 여럿 있어요." 지도를 가리키면서 해리가 설명했다. "선로 변경 장치는 아직도 훌륭하게 작동해요.

게다가, 그 사실을 아는 사람은 나뿐이죠."

"그러니까 여러분이 할 일은 열차를 탈취하여 폐광으로 가는 선로로 지나가게 하여 열차를 숨기는 거예요." 돌리가 덧붙였다.

"그리고 일단 선로 변경 장치를 다시 원래대로 돌린 뒤에 내가 케이블을 끊겠어요."라고 해리가 말했다. "그러면 아무도 열차를 찾을 수 없어요. 여러분은 유유자적하게 돈을 내릴 수 있죠."

사내들은 서로의 얼굴을 번갈아 바라보았다. 그것은 너무 쉬운 일 같아 보였다.

"좋아. 그런데 열차는 어떻게 멈추지?" 지미가 물었다. "설마 우리보고 올라타라고 속력을 늦추지는 않을 텐데?"

"소 떼를 이용하는 거죠." 돌리가 말했다.

"소 떼라고?" 모두들 놀라 되물었다.

"선로 변경 지점 근처에 목장이 하나 있어요. 열차가 도착하기 직전에 목장의 문을 열고, 소 떼를 철길 쪽으로 몰고 가기만 하면 돼요."

"그렇지만 소 떼가 기다리는 데 지쳐서 다른 곳으로 가 버리면?" 면도날 보첼리가 이의를 제기했다. "그리고 우리는 카우보이가 아니란 말이야! 우린 소를 몰 줄 몰라!"

"여러분은 시간만 정확하게 맞추면 돼요. 그것도 못 하겠어요?" 돌리가 말했다. "그러니까 열차가 도착하는 시간을 정확하게 계산해야 해요."

"오, 노!" 면도날 보첼리가 말했다. "수학은 이제 그만!"

땅부자와 울타리부자

옛날 옛적에 땅부자와 울타리부자라는 두 양반이 살았단다. 두 사람은 서로 이웃간인데도 불구하고, 사이가 별로 좋지 못했지.

땅부자   울타리부자

땅부자는 엄청나게 많은 땅을 가지고 있었고, 울타리부자는 울타리를 엄청나게 많이 가지고 있었지. 그런데 문제는 땅부자는 울타리가 약간 필요했고, 울타리부자는 땅이 좀 필요했던 거였어. 그들은 서로 공평하게 땅과 울타리를 맞바꾸기로 합의하고, 판사의 조언을 구하러 갔지.

판사는 이렇게 말했어. "이렇게 하는 것이 좋겠군. 우선 울타리부자가 울타리 100m를 가지고 땅부자의 땅 위에다 울타리를 치는 걸세. 그리고 그 울타리 안에 들어가는 모든 땅을 울타리부자가 가지는 거야."

"그러면 저는 그 대신에 울타리를 얼마나 가지면 되죠?" 땅부자가 물었어.

"울타리부자가 얼마나 많은 땅을 가졌는지 확인한 다음, 그것과 똑같은 면적(넓이)을 가진 땅을 자네 마음대로 표시하게. 그리고 그 둘레를 두를 수 있는 울타리를 자네가 가지면 공평하겠지?"

그래서 두 사람은 그렇게 하기로 약속했다.

그 다음 날, 울타리부자는 정확하게 울타리 100 m를 가지고 나타나 땅부자의 땅 위에다 그것을 두르기 시작했다.

처음에 그는 직사각형 모양으로 울타리를 쳤다. "길이가 40 m, 폭이 10 m인 직사각형을 만들었어."

"그러면 자네는 $40 \times 10 \, m^2$, 그러니까 $400 \, m^2$의 땅 둘레에다 울타리를 쳤군." 판사가 말했다.

"음, 다시 한 번 해 볼게요."라고 울타리부자가 말했다.

그는 이번에는 길이 30 m, 폭 20 m인 좀 뚱뚱한 직사각형을 만들었다.

"이번에는 $30 \times 20 = 600 \, m^2$의 땅 둘레에다 울타리를 쳤군!" 하고 판사가 말했다.

"이럴 수가!" 땅부자가 중얼거렸다. "울타리의 길이가 같은데도, 그 속에 들어가는 면적이 달라진다는 말씀입니까?"

"그런 것 같군."

"그러면 다시 한 번 해 보겠어요." 울타리부자가 말했다.

이번에는 한 변의 길이가 25 m씩인 정사각형 모양의 땅을 울타리로 가두었다.

"25×25는……" 판사는 계산

기를 두들기면서 중얼거렸다. "625 m²로군!"

"25 m²가 또 늘어났잖아!" 땅부자가 신음 소리를 냈다. "설마 이것보다 더 많은 땅을 가둘 순 없겠죠?"

그런데 울타리부자는 다시 좋은 생각이 떠올랐다.

"이번에는 완전한 원 모양으로 울타리를 쳐 봐야지."

판사가 거기에 필요한 수학 계산을 해 주었다.

"그 원의 원주가 100 m라는 사실을 우리는 알고 있지. 그 원의 면적을 구하려면 π를 사용해야 해."

(다행히도, 판사는 이 책의 앞장을 읽었다.)

판사는 원의 면적을 어떻게 구했을까?

1. 먼저 다음 공식을 사용해 원의 반지름을 구한다.

$$원주 = 2\pi r$$

2. 원주의 길이가 100 m라는 사실을 알고 있기 때문에 위의 공식은 다음과 같이 쓸 수 있다.

$$100 = 2\pi r$$

3. 양변을 2로 나누면 다음과 같이 된다.

$$50 = \pi r$$

4. 그리고 양변을 다시 π로 나누면 반지름 r을 구할 수 있다.

$$\frac{50}{\pi} = r$$

5. 계산기로 $50 \div \pi$를 계산하여 판사는 $r = 15.9$ m를 얻었다.

6. 원의 면적을 구하는 공식은 πr^2이므로, 판사는 계산기로 $\pi \times 15.9 \times 15.9$를 계산하여 795라는 답을 얻었다.

"그러니까 그 원 안에 들어가는 면적은 795 m²야." 판사가 말했다. "쉽게 800 m²라고 하세."

그러자 울타리부자가 말했다. "그것으로 충분한 것 같은데요. 원이 가장 큰 면적을 가둘 수 있는 모양인 것 같아요."

"나도 동감이야!" 땅부자가 소리쳤다. "이건 너무 심해!"

"자, 이제는 땅부자의 차례로군." 판사가 말했다. "800 m²에 해당하는 땅을 표시하면, 그 둘레를 두를 수 있는 울타리를 울타리부자가 줄 걸세."

땅부자는 길이와 폭이 각각 20 m, 40 m인 직사각형 모양의 땅 위에다 표시를 했다.

"20×40 = 800이니까, 면적은 맞군." 판사가 말했다.

"두 변은 각각 20 m이고, 나머지 두 변은 각각 40 m이니까, 울타리의 총 길이는 120 m가 되겠군요." 울타리부자가 말했다.

"그래. 그러면 공평할 것 같군." 판사가 말했다.

"잠깐!" 그 때, 땅부자가 입가에 교활한 미소를 흘리며 말했다. "면적만 같으면 땅의 모양은 어떻게 해도 상관이 없다고 하셨죠?"

"그랬지. 면적이 800 m²이기만 하면 말일세."

땅부자는 땅 위에 새로운 모양을 그리기 시작했다.

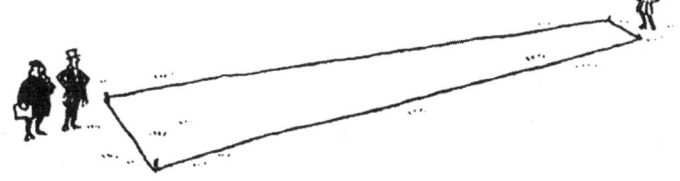

"자, 어때요? 10 m×80 m니까 800 m² 맞죠?"

"그런데 거기에 필요한 울타리는 180 m나 되잖아?" 울타리부자가 불만스러운 듯이 말했다.

그런데 땅부자는 거기서 그치지 않았다.

"잠깐! 한 번 더 해 봐야겠어."

땅부자는 아주 멀리까지 걸어갔다 오더니 폭이 아주 좁은 길다란 모양을 만들었다.

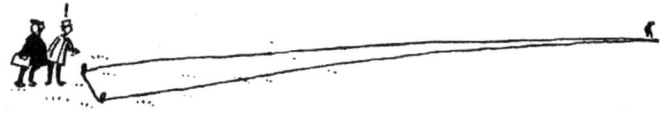

"1 m×800 m의 땅이로군." 판사가 말했다. "이것 역시 면적이 800 m²로군!"

"그러면 울타리는 1602 m나 되는군!" 울타리부자가 신음 소리를 냈다.

"또 잠깐!" 땅부자는 이렇게 소리치더니, 말을 타고 지평선 끝까지 달려갔다.

"오, 이럴 수가!" 판사가 망원경으로 땅부자가 달려가는 것을 보면서 탄성을 질렀다. "이번에는 폭이 1 mm에다가 길이가 80만 m로군. 그래도 면적은 역시 800 m²에 불과해!"

"그러면 울타리를 160만 m나 주어야 한단 말이야?" 울타리부자가 비명을 질렀다.

"그리고 2 mm를 더 주어야지." 땅부자가 씩 웃으며 말했다. "이번에는 폭을 0.5 mm로 하고, 길이를 두 배로 늘여 볼까 하는데……."

이 이야기는 단지 면적과 둘레에 관한 것이다(둘레는 어떤 면적의 가장자리를 빙 두르며 지나가는 선을 말한다. 앞의 이야기에서 울타리는 땅 주위를 둘러싸는 둘레와 같다).

면적은 같지만 모양이 서로 다른 여러 가지 도형이 존재할 수 있다.

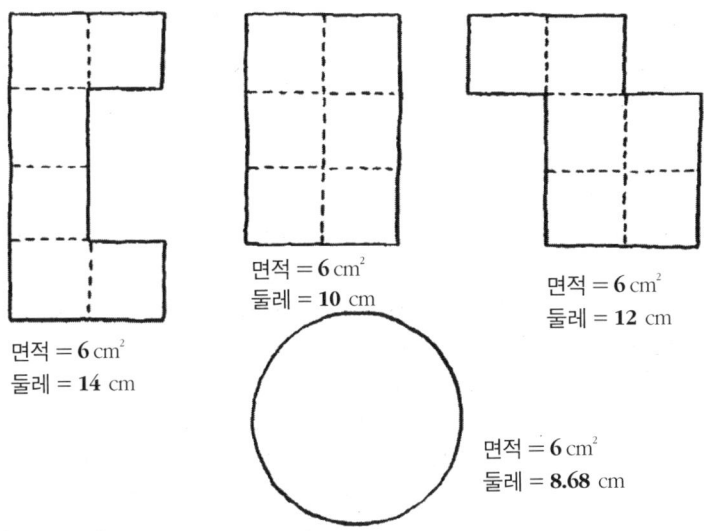

위의 세 헥소미노(작은 정사각형 6개로 이루어진 도형)는 모두 면적이 같다. 각각의 헥소미노에 1 cm × 1 cm인 정사각형 6개가 포함돼 있는 것을 확인할 수 있다. 그리고 아래에 있는 원 역시 면적이 같다.

그렇지만 이들은 모두 둘레의 길이가 다르다.

좋다. 여러분의 궁금증을 풀어 주지.

가장 짧은 둘레 길이로 주어진 면적을 만들 수 있는 모양은 원이다. 그리고 어떤 면적이든지 앞의 이야기에 나오는 것처럼 폭을 아주 가느다랗게 하고 길이를 아주 길게 함으로써 그 둘레 길이를 무한히 크게 만들 수 있다.

아래 그림의 면적 역시 $6\,cm^2$이지만, 둘레 길이는 앞의 도형들보다 훨씬 길다. 만약 모양을 더 가느다랗게 만든다면, 둘레 길이는 더욱 커진다.

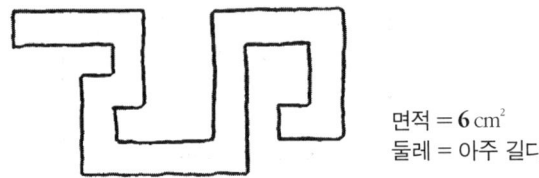

반면에, 둘레 길이가 한정돼 있을 때, 그 안에 최대한의 면적을 집어넣으려면 울타리부자처럼 원 모양으로 만들어라. 그밖의 어떤 모양도 원보다 면적이 작다.

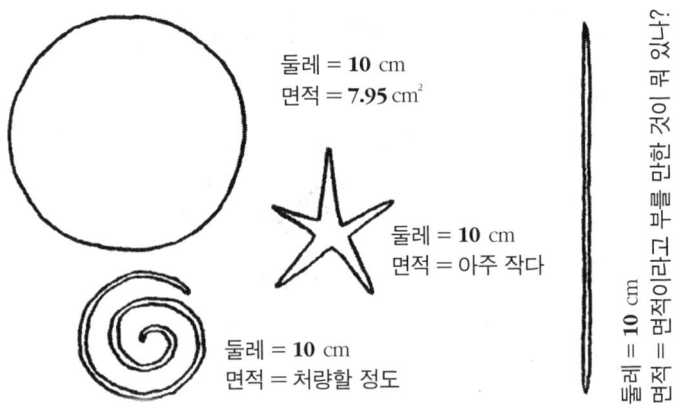

엽서에 뚫린 구멍으로 몸을 통과시키는 묘기

 면적과 둘레에 대해 알아보았으므로, 이제 다음의 고전적인 묘기를 써 먹을 때가 왔다. 이 묘기는 직접 해 보기 전에는 불가능한 것처럼 여겨질 것이다. 친구에게 엽서 한 장을 보여주고, 거기에 구멍을 뚫어 몸을 통과시켜 보겠다고 말한다. 친구는 당신이 허튼 소리를 한다고 말하겠지만, 다음과 같이 칼질을 해 구멍을 만들어라.

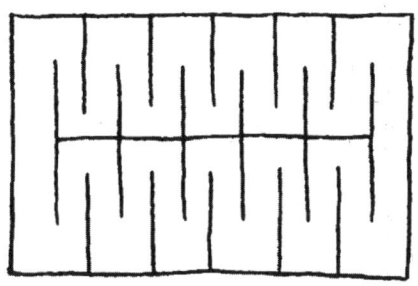

 그러면 엽서는 기다란 지그재그 모양의 원으로 펼쳐지고, 당신은 그 구멍을 통해 쉽게 통과할 수 있을 것이다.

거울수

선생님의 두뇌 회로에 합선을 일으키는 이야기

거울수란, 앞으로 보나 뒤로 보나 똑같은 수를 말한다. 예컨대, 131이나 7227, 2187812와 같은 수 말이다. 한 가지 신기한 것은, 거울수를 만들 수 있는 특별한 방법이 있다는 사실이다. 다음을 따라해 보라.

1. 두 자리 수를 아무거나 골라 적는다.
2. 그 아래에다 같은 수를 거꾸로 적는다.
3. 그리고 두 수를 더한다.
4. 그 아래에다 그 답을 거꾸로 한 수를 쓴다.
5. 두 수를 더한다.
6. 이러한 과정을 계속 반복해 가면, 결국 거울수가 나온다.

1. 78이라는 수로 시작해 보자.
2. 78 아래에 87을 쓰고, 두 수를 더한다.

$$\begin{array}{r} 78 \\ +87 \\ \hline 165 \end{array}$$

3.
$$\begin{array}{r} 165 \\ +561 \\ \hline 726 \end{array}$$

4.
$$\begin{array}{r} 726 \\ +627 \\ \hline 1353 \end{array}$$

5. 그러면
$$\begin{array}{r} 1353 \\ +3531 \\ \hline 4884 \end{array}$$

6. 자, 어떤가? 4884라는 거울수가 나왔지?

- 훨씬 빨리 구할 수 있는 거울수도 많이 있다. 29를 가지고 한번 해 보자.

$$29+92=121$$

- 거울수를 가지고 같은 방법을 사용해도 된다. 예컨대, 55의 경우,

$$55+55=110$$
$$110+011=121$$

- 재미삼아 친구와 시합을 할 수도 있다. 각자가 두 자리 수를 적은 다음, 가장 적은 단계로 거울수를 먼저 구하는 사람이 이기는 것이다.
- 스스로 용감하다고 생각하는 사람은 세 자리 수나 네 자리 수를 가지고 거울수 구하기에 도전해 볼 수도 있다. 약간 시간은 걸리겠지만, 결국에는 거울수가 나온다!

영원한 명성을 얻는 비결

물론이지.

여러분은 누가 유명하다고 생각하는가? 팝 스타? 텔레비전에 나오는 유명 탤런트? 스포츠 선수? 물론 그 사람들도 유명하지. 그렇지만 몇 년만 지나면 그 사람들은 사람들의 기억에서 잊혀지고 말 것이다. 지난 해에 한창 이름을 날렸던 어떤 사람들을 기억하고 있는가? 만약 기억한다면, 그 사람들이 십 년 후에도 여전히 이름을 날리고 있을 것이라고 생각하는가? 백 년 후에는 어떨까? 천 년 후에는?

물론 그러한 사람들은 역사 속에서 흔적도 찾아보기 힘들 것이다. 그러나 수학은 여러분에게 영원히 명성을 떨칠 수 있는 기회를 제공한다.

옛날에 아르키메데스나 피타고라스와 같은 수학자들은 아주 어려운 문제들을 푼 것 때문에 오늘날까지도 명성을 떨치고 있다. 그리고 다행히도, 그들은 끝내 풀지 못한 문제도 조

금 남겼는데, 만약 당신이 그 중 하나라도 푼다면, 천 년이 지난 뒤까지도 명성을 떨치게 될 것이다.

물론 아직까지 풀리지 않았으니 얼마나 어려운 문제들이겠는가! 그렇지만 겉보기에 아주 간단해 보이는 것도 있다. 특히, 기하학 분야에 남아 있는 몇 가지 문제는 더욱. 마침 여러분이 잠시 휴식을 취하도록 이 곳에 기하학 코너를 마련했다.

좋은 질문이다. 그러면 당신은 다음과 같은 사실을 발견하게 될 것이다.

그것은 사실이다. 그저 재미있는 그림들만 그리면 된다. 계산기에만 매달리는, 수학에 굼뜬 사람들도 기하학에 큰 매력을 느낄 것이다.

기하학에 필요한 도구는 다음과 같다.
- 연필
- 똑바른 자
- 곡선과 원을 그리기 위한 컴퍼스
- 종이 몇 장

정말 이게 전부란 말인가?

옛날의 수학자들은 원이나 정사각형과 같은 도형들을 연구하느라고 수 년을 보냈는데, 기하학은 그러한 도형들을 그리는 방법과, 그러한 도형들이 서로 어떤 관계가 있는가를 밝히는 것이다. 무엇보다도 훌륭한 것은, 옛날 수학자들이 순수 기하학에 수를 전혀 사용하지 않았다는 사실이다. 그러니 여러분은 자에 표시된 숫자들을 싹 무시해도 된다!

그러면 몇 가지 기초적인 기하학의 묘기부터 시작해 보기로 할까?

※ **경고** : 여러분은 끝이 날카로운 컴퍼스를 사용하게 될 것이다. 그러니 여러분이 사용하는 종이가 오래 된 전화 번호부 책이나 두꺼운 마분지 위에 놓여 있는지 확인하라. 만약 컴퍼스의 날카로운 끝부분이 종이를 뚫고 식탁에 흠이라도 내면, 어떻게 될까? 어머니나 아버지를 세상에서 가장 화나게 만들었다는 이유 때문에 유명해질지도 모를 일!

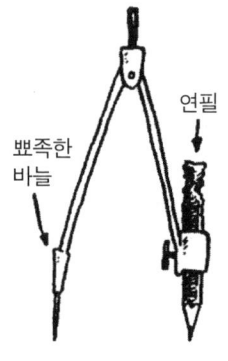

원을 그리는 방법

아주 쉽다. 컴퍼스의 바늘 끝을 종이에 고정시키고, 연필이 달린 팔을 약간 벌린 다음, 한 바퀴 빙 돌리기만 하면 된다.

기하학에서는 똑같은 크기의 원이나 곡선을 계속 그려야 하는 경우가 많으므로, 원을 한번 그린 다음에는 컴퍼스의 팔을 오므리거나 펼치지 말고 그대로 유지하도록.

꽃무늬 모양의 벽지를 만드는 방법

1. 원을 하나 그리고, 컴퍼스의 팔을 똑같은 간격으로 그대로 유지한다.

2. 원주 위의 한 점에다 컴퍼스의 바늘 끝을 갖다 대고 똑같은 크기의 원을 하나 더 그린다.

3. 컴퍼스의 바늘 끝을 두 원이 만나는 점에다 갖다 대고 역시 같은 크기의 원을 그린다.

4. 2개의 선이 만나는 점마다 컴퍼스의 바늘 끝을 갖다 대고 계속 같은 크기의 원을 그려 나가라. 그리고 꽃잎 모양이 생긴 곳에 색칠을 하라. 잎자루도 그려 보고, 원한다면 이상한 모양의 잎도 그려 보라.

5. 일 주일 정도 열심히 하면 아마도 거실을 새로 도배해도 될 만큼

많은 꽃무늬 벽지를 만들 수 있을 것이다.

선을 정확하게 이등분하는 방법

1. 직선을 하나 그린다(그러나 그 직선에 너무 애착을 가지지는 말기 바란다. 곧 그것을 반으로 쪼개야 하니까).
2. 컴퍼스의 바늘 끝을 직선의 한쪽 끝에 갖다 대고 컴퍼스의 팔을 직선의 절반이 약간 넘게 벌린다.

3. 직선을 가로지르는 호(원의 일부)를 그린다.

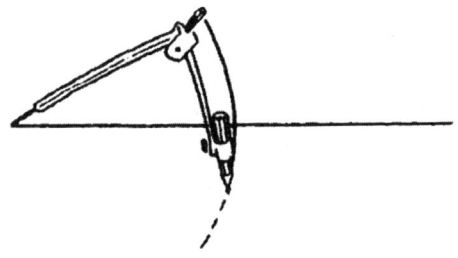

4. 컴퍼스의 팔을 그대로 유지하면서 바늘 끝을 직선의 반대쪽 끝에 갖다 대고, 마찬가지 방법으로 호를 그린다. 그러면 먼저 그린 호와 서로 만나는 점이 두 개 생길 것이다.

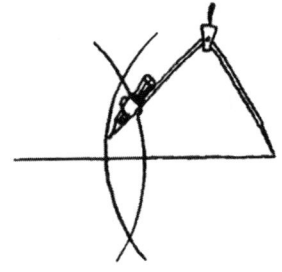

5. 자와 연필을 사용해 두 호가 만나는 두 점을 지나가는 직선을 그린다.

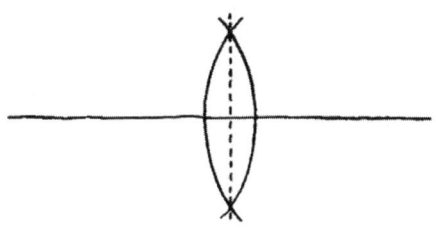

이렇게 그은 직선은 원래의 직선을 정확하게 이등분할 뿐만 아니라, 원래의 직선과 정확하게 직각을 이루며 지나간다. 그래서 이 직선을 수직 이등분선이라 부른다.

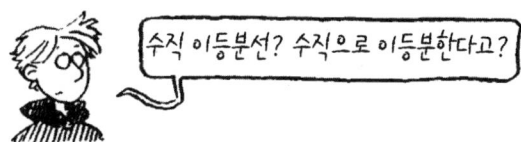

정확하게 정사각형을 그리는 방법

1. 서로 수직으로 교차하는 긴 직선을 두 개 그린다(겁먹지 마라. 이것은 바로 앞에서 배웠던 것처럼 하나의 직선을 수직 이등분하는 선을 그리면 된다).

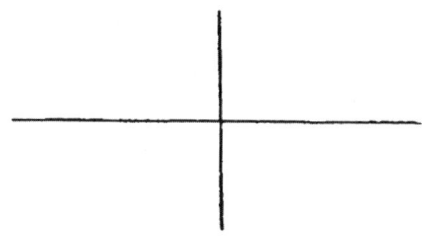

2. 앞에서와 같은 방법으로 수직 이등분선을 그렸으면, 혼동을 피하기 위해 지우개로 호를 지우고 두 개의 직선만 남기도록 한다.

3. 컴퍼스의 바늘 끝을 두 직선이 만나는 곳에 갖다 대고 원을 하나 그린다.

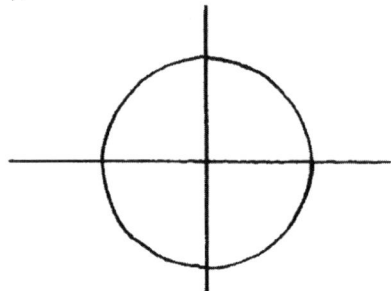

4. 그리고 원이 두 직선과 만나는 네 점을 자와 연필을 사용해 이어 준다.

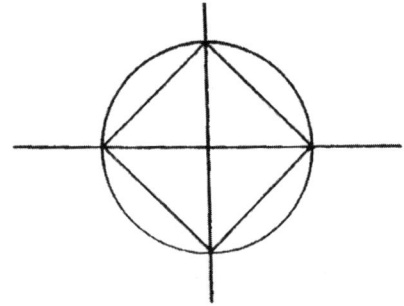

5. 앗! 이럴 수가! 완전한 정사각형이 그려져 있잖아!

정삼각형을 그리는 방법

1. 직선을 하나 긋고, 컴퍼스의 바늘 끝을 직선의 한쪽 끝에 갖다 댄다.
2. 컴퍼스의 팔을 직선의 길이와 똑같게 벌린 다음, 위쪽으로 큰 호를 그린다.
3. 컴퍼스의 팔을 그대로 유지한

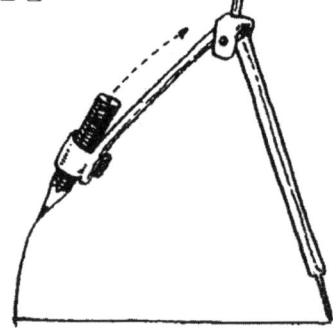

정말 큰 호로군!

채 바늘 끝을 직선의 반대쪽 끝에 갖다 대고, 첫 번째 호와 만나도록 다시 큰 호를 그린다.

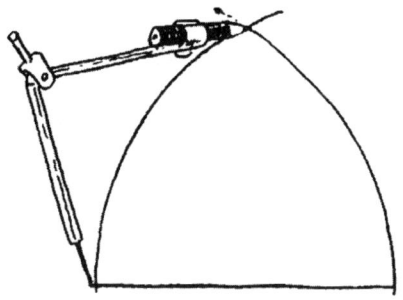

4. 두 호가 만나는 점과 직선의 양 끝점을 연결시킨다.

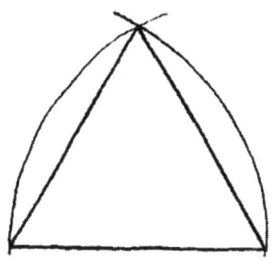

5. 자, 어떤가? 정삼각형이 만들어졌지(이것은 말로 설명한 것보다 실제로 그리기가 훨씬 쉬울 것이다)?

이제 여러분은 유명해지고 싶어 몸이 근질근질할 것이다. 그렇지만 한 가지 더 알고 넘어가야 할 것이 있다.

각을 정확하게 이등분하는 방법

1. 자를 사용하여 어떤 각도를 이루는 직선 2개를 그린다. 각도의 크기는 아무래도 상관 없다.

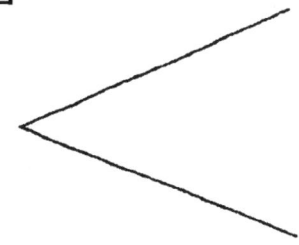

2. 컴퍼스의 바늘 끝을 두 직선이 만나는 지점에 갖다 대고, 두 직선을 지나는 호를 그린다.

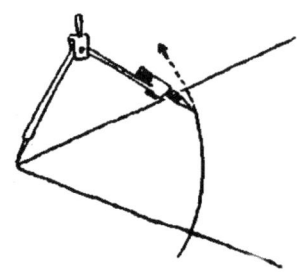

3. 컴퍼스의 바늘 끝을 호가 한 직선과 만나는 지점에 갖다 대고, 두 직선의 사이를 지나가는 두 번째 호를 그린다. 컴퍼스 팔의 간격은 항상 일정하게 유지해야 한다는 사실을 잊지 말 것!

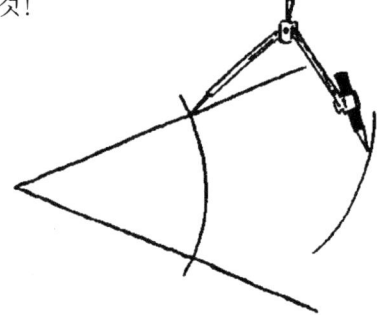

4. 컴퍼스의 바늘 끝을 호가 다른 직선과 만나는 지점에 갖다 대고, 앞에서와 마찬가지 방법으로 세 번째 호를 그려 두 번째 호와 교차되도록 한다.

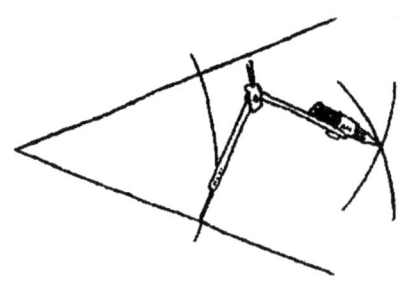

5. 두 직선이 만난 점에서 두 번째 호와 세 번째 호가 만나는 점을 잇는 직선을 긋는다.

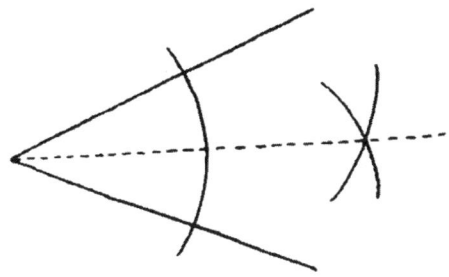

6. 이 직선은 정확하게 각도를 이등분한다.

좋다, 이것으로 여러분은 기하학의 기초를 다 배웠다. 이제 여러분은 수천 년 동안 수많은 천재들이 골머리를 썩여 온 문제에 도전할 만반의 준비가 되었다. 자, 심호흡을 크게 한 번 하고, 다음 문제에 도전해 보기 바란다.

각을 삼등분하는 방법!

다시 말해서, 자와 컴퍼스와 연필만을 사용해 어떤 각을 정확히 똑같은 세 부분으로 나누는 방법을 찾아 낼 수 있느냐 하는 것이다.

자나 각도기를 사용해 눈금을 재는 것은 안 된다.

이 문제만 푼다면, 당신은 다음 수백 년 동안 사인을 하고,

텔레비전에 계속 출연하게 될 것이다. 여기 그러한 문제를 하나 더 소개한다.

원을 하나 그린다. 그리고 연필과 컴퍼스와 자만 가지고서 그 원과 똑같은 넓이를 가진 정사각형을 그려 보라.

이 두 가지 문제는 수학자들 사이에 풀 수 없는 문제로 여겨지고 있다는 사실을 안다면, 여러분의 고민이 해결될지도 모르겠다. 그렇다고 단념하지는 마라. 옛날의 수학자들은 비디오나 마이크로 칩을 설계하지 못했다. 만물은 시간이 지나면 변하게 마련이 아니겠는가!

한편, 목장에서는 ……

소 떼는 새벽 안개 속에 조용히 앉아 있었다. 멀리서 불빛 두 개가 소 떼가 있는 언덕을 향해 달려 내려왔다. 전기톱 찰리는 차창을 통해 주위를 살펴보았다.

"여기서 포장 도로는 끝난 것 같군요, 두목. 이제부턴 걸어 가야겠는데요."

"불을 꺼." 면도날 보첼리가 말했다. "자, 그럼 이동 개시! 우리가 몰고 가야 할 소 떼가 저기 있어!"

차문이 삐걱거리며 열리고, 백색 구두가 조심스럽게 땅을 밟았다.

"진흙탕길 같군." 외손가락 지미가 말했다. "보도는 어디 있어?"

"멍청아, 보도 같은 건 없어." 가브리아니가 비웃었다. "여긴 시골이란 말이야. 보면 몰라?"

"보는 것은 잘 모르겠지만, 냄새는 맡을 수 있어. 그런데 그 냄새나는 것이 신발에 들러붙었어."

"그만 좀 투덜대라, 엉!" 면도날 보첼리가 말했다. "게다가,

우린 언제 소 떼를 철로로 몰아 가야 하는지도 모르고 있잖아."

"그 문제에 대해 생각해 봤는데요." 족제비 위즐이 말했다. "열차는 시속 30 km로 달리고, 우리는 포트녹스에서 5 km 떨어진 곳에 있지요, 그렇죠?"

"돌리가 그렇게 말했잖아." 보첼리가 말했다.

"열차가 한 시간에 30 km를 달린다면, 5 km를 달리는 데에는 한 시간까지 걸리진 않겠지요?"

"육오는 30이야." 넘버스가 말했다.

"좋아!" 위즐이 말했다. "따라서, 한 시간에 열차는 5 km 구간을 6개나 지나갈 수 있어요."

"왜 열차가 그래야 한다는 거야?" 보첼리가 물었다.

"그게 아니고, 열차가 5 km를 달리려면, 한 시간의 1/6만큼의 시간이 걸린다는 거죠."

"한 시간의 1/6은 10분이야." 넘버스가 말했다.

"바로 그거야!" 위즐이 말했다. "그 열차는 포트녹스에 도착하기 10분 전에 이 곳을 지나갈 거야."

"그래? 열차는 포트녹스에 6시 40분에 도착하기로 돼 있어." 전기톱 찰리가 말했다.

"그러니까 그것보다 10분 전이면 6시 30분이 되는군." 가브리아니가 말했다. "그리고 그게 바로 열차가 이 곳을 지나가는 시간이로군!"

"너희들 모두 갑자기 수학을 잘 하는 것처럼 보이는데, 엉?" 보첼리가 말했다.

어두운 차 속에서 다른 사람들은 모두 기분이 우쭐하여 씩 웃었다.

"그런데 지금 시간이 6시 27분이야." 면도날 보첼리가 말했다. "그리고 내가 계산한 바에 따르면, 저 소 떼들을 철로로 몰고 가야 할 시간이 3분밖에 안 남았어! 행동 개시!"

인간 피라미드

허허벌판의 황무지에서 혼자 터벅터벅 걷는 신세가 된다면 얼마나 절망스럽겠는가? 지나가는 차가 있다면 당장 올라타고 싶을 것이다. 그러나 아무리 상황이 절박했다 하더라도, '난장판 서커스단'의 트럭에 올라타는 일만은 피했어야 했다.

그들은 흥행에 실패하여 서커스단의 모든 단원과 물건들을 트럭 한 대 속에 밀어넣은 채 이동 중이었다.

울퉁불퉁한 길을 힘들게 나아가느라고 엔진은 털털거렸다. 그러다가 별안간 쿵 소리가 나더니, 트럭은 폐광의 구덩이 속으로 처박히면서 타고 있던 사람들과 그 밖의 모든 것들이 구덩이 속으로 굴러 떨어지고 말았다.

구덩이 속에 처박힌 당신은 다행히도 코끼리 등 위에 떨어졌다. 만약 반대로 됐다면 어떻게 되었겠는가? 고개를 들어 위를 보니, 굴러 떨어진 구멍을 통해 빛이 새어 들어왔다. 이곳에는 밧줄도 사닥다리도, 그리고 기어 올라가는 데 쓸 만한 다른 도구도 전혀 없다. 어떻게 해야 할까?

"걱정할 것 없어!" 단장이 자신 만만하게 말했다. "우린 한 사람을 저 구멍 위로 올려 보낼 수 있는 방법이 있어. 그리고 그 사람이 구조대를 데려 오면 돼."

"어떻게 위로 올라간단 말이에요?" 하고 당신이 묻는다.

"인간 피라미드를 만들면 되지." 단장은 의기양양하게 말했다. "자, 보라구!"

그러자 곧 두 사람이 나란히 서더니, 그들의 어깨 위로 한 사람이 풀쩍 뛰어올라갔다.

"그래 봐야 소용 없잖아요?" 당신은 불평을 늘어놓는다. "저 구멍은 저렇게 높은데! 적어도 사람들을 10층은 쌓아올려야 저기에 도달할 거예요."

"사람들을 10층이나 쌓아야 한다?" 단장은 잠깐 동안 생각에 잠겼다. "맨 위층에는 한 사람만 있으면 되지만, 그 다음

층에는 두 사람, 또 다음 층에는 세 사람…, 이런 식으로 맨 밑에는 열 사람이 있어야 하겠군. 이거 사람 수가 충분한지 모르겠는데……."

이 피라미드를 만들려면 모두 몇 사람이 필요할까?

그 답은 10＋9＋8＋7＋6＋5＋4＋3＋2＋1 ＝ 55명이다. 그런데 이 모든 수들을 일일이 다 더하는 것보다 더 좋은 방법이 있다.

피라미드를 약간 옆으로 밀어 아래 왼쪽과 같은 모양으로 만들 수 있을 것이다.(여기서는 사람을 0으로 나타냈다.)

```
0                      0 0000000000
00                     00 000000000
000                    000 00000000
0000                   0000 0000000
00000                  00000 000000
000000                 000000 00000
0000000                0000000 0000
00000000               00000000 000
000000000              000000000 00
0000000000             0000000000 0
```
      삼각형   2개의 삼각형

그리고 똑같은 삼각형을 위의 오른쪽과 같이 겹치면 어떤 모양이 되는가? 그것은 직사각형이 된다. 이것으로부터 하나의 삼각형에 얼마나 많은 0이 포함되는지 쉽게 알 수 있다.

1. 먼저 직사각형에는 0이 얼마나 많이 포함돼 있는지 센다. 가로줄에는 11개, 세로줄에는 10개가 늘어서 있으므로, 이 직사각형에는 11×10 ＝ 110개의 0이 포함돼 있다.

2. 그것을 2로 나누면 삼각형 하나에 포함된 0의 수를 알 수 있다.

$$110 \div 2 = 55$$

(이 삼각형은 모두 10층으로 이루어져 있으므로, 55를 10번째 삼각수라고 부른다.)

삼각형을 이루는 층이 몇 개인지만 알면, 그 속에 들어가는 단위들의 총수를 알 수 있다. 층수에다 그것보다 하나 더 큰 수를 곱한 다음, 2로 나누어 주기만 하면 된다!

포켓 당구에서는 대개 공들이 삼각형 모양의 틀에 다음과 같이 담긴 채 시작된다.

당구공의 수가 모두 몇 개인지 빨리 계산할 수 있겠는가? 그것은 $5 \times 6 \div 2 = 15$개이다.

수학에는 이처럼 요령 있게 계산하는 방법이 많다. 삼각수를 알아 내는 방법도 그 중 하나이다. 삼각수에 관한 유명한 일화가 전해 내려오는데, 그 사건은 1786년에 독일의 한 교실에서 일어났다.

선생님은 가발에 분을 바르기 위해(아니, 그게 아니고 다른 일이었던가?) 잠시 외출할 일이 생겼다. 그래서 그 동안에 학생들을 조용히 자습시킬 필요가 있었다. 선생님은 이런 문제를 냈다.

선생님은 외투를 걸쳐 입으면서, 잘 하면 외출을 했다가 식당에 들러 샌드위치도 하나 먹을 시간이 있지 않을까 생각했다. 그 때, 아홉 살짜리 꼬마 학생이 손을 들었다.

선생님은 어안이벙벙했을 것이다. 학생 중에 훗날 수학의 황제로 불리게 될 카를 프리드리히 가우스(Carl Friedrich Gauss)가 있었던 것이 불운이었다. 가우스가 30세 때 수학과 물리학 분야에서 놀라운 업적들을 수많이 이룬 것으로 보아, 9세 때 삼각수의 원리를 파악하는 것쯤은 누워서 떡먹기였을 것이다. 그 답은 $1000 \times 1001 \div 2 = 500500$이다. 어쨌든, 여기서는 가우스에 대해 신경쓸 시간이 없으므로, 서커스단과 함께 폐광의 구덩이 속에 갇힌 일행에게로 돌아가기로 하자.

"그러니까 우리는 55명이 필요하군!" 단장이 말했다. "다행히도 55명은 충분해!"

그런데 바로 그 순간, 땅이 갈라지더니 모든 것이 다시 더 깊은 곳으로 떨어졌다.

"이젠 인간 피라미드를 20층은 쌓아야 해요!"라고 당신은 외친다. "아까보다 구덩이의 깊이가 두 배로 늘어났어요."

"그러면 아까보다 두 배의 사람들이 필요하겠군?" 단장이 물었다.

"아니에요. 두 배 정도로는 어림도 없어요!"라고 당신은 외친다.

이번에 인간 피라미드에 필요한 사람은 모두 몇 명일까?

그야 식은죽 먹기지 뭐! $20 \times 21 \div 2 = 210$.

"210명이나 있어야 한다고?" 단장은 깜짝 놀랐다. "그래, 사람들을 총동원하면 겨우 그 수를 맞출 수 있겠군. 그것을 생각해 낸 사람은 너니까, 너에게 선택권을 주마!"

"그게 뭔데요?"

"20층으로 된 인간 피라미드에서 맨 꼭대기에 올라가느냐, 아니면 맨 아래에 서느냐 하는 선택권이지."

삼각수에 관한 신기한 사실

- 삼각형 모양으로 점을 배열할 때 첫 번째부터 열 번째까지의 삼각수는 다음과 같다.
- 최초의 삼각수는 1이다.
- 두 번째 삼각수는 3이다.
- 세 번째 삼각수는 6이다.
- 네 번째 삼각수는 10이다.

- 다섯 번째 삼각수는 15, 여섯 번째 삼각수는 21, 일곱 번째 삼각수는 28, 여덟 번째 삼각수는 36, 아홉 번째 삼각수는 45, 열 번째 삼각수는 55이다.

그리고 삼각수에는 다음과 같은 신기한(비록 쓸모는 없더라도) 성질이 있다.

3개이하의 삼각수들을 더함으로써 어떤 수든지 만들 수가 있다(꼭 서로 다른 삼각수를 사용해야 할 필요는 없다. 즉, 20은 10+10으로 만들 수도 있다).

- 64라는 수를 만들어 보자. 3+6+55=64.
- 42도 만들어 볼까? 36+6=42.
- 그러면 다음 수들을 직접 만들어 보라: 26, 38, 44, 49, 67.

어떤 수는 다른 수들보다 만들기가 좀 어렵겠지만, 어떤 수든지 삼각수들을 더하여 만들 수 있다.

삼각수를 만드는 친근한 방법

밤중에 잠을 자다 일어나 갑자기 일곱 번째 삼각수를 알아야 하는 상황이 발생했다고 하자. 7×8÷2를 하여 28이라는 답을 얻을 수 있을 것이다. 그렇지만 또 다른 방법이 있다.

준비물:
- 오렌지 주스병 몇 개와 유리컵 몇 개
- 꼬챙이에 꽂혀 있는 소시지 약간
- 포테이토 칩 약간 많이
- 모자와 크래커(없어도 됨)

그리고 친구 일곱을 불러 즉석 파티를 연다. 이제부터가 중요하다. 사람들이 모두 나타나면, 각자(당신을 포함하여) 다른 사람들과 일일이 악수를 나누도록 시킨다. 그리고 사람들이 악수를 나눈 횟수를 세면, 그것이 바로 일곱 번째 삼각수이다.

이것은 어떤 수에 대해서도 성립한다. 지금 당신이 13명의 사람들과 함께 어느 기차칸에 타고 있다고 하자. 그 때, 당신은 열세 번째 삼각수를 꼭 알아야 할 필요가 생겼다. 그러면 기차칸에 탄 모든 사람들에게 서로 다른 사람들과 악수를 나누라고 시킨다(당신도 포함하여). 그리고 모든 사람이 악수를 나눈 횟수를 세면 된다.

이것을 거꾸로 이용하면 더 재미있다. 여러 명의 친구들과 함께 있다고 하자. 친구들의 수를 세고서(당신은 빼고) 삼각수를 계산한다. 만약 네 사람의 친구가 있다면, 삼각수는 $4 \times 5 \div 2 = 10$이다. 그리고 이제 친구들에게 모두 다른 사람들과 돌아가면서 악수를 나누라고 한다(이번에는 당신도 포함하여). 그러면 모두가 악수를 하는 횟수는 몇 번일까? 당신은 친구들이 악수를 다 나누기도 전에 그 답이 10번이라고 말하여 모두의 감탄을 자아낼 수 있을 것이다.

사람의 마음을 읽는 숫자들

이것은 당신이 수학에 뛰어나다고 생각하는 친구들에게 써먹기에 아주 좋은 트릭이다. 친구에게 다음 페이지에 나오는 다섯 개의 숫자 덩어리에는 숫자의 영혼이 씌어 있다고 말한다. 친구가 터무니없는 소리라고 믿지 않으면, 직접 그것을 증명해 보여 주겠다고 하라!

1. 친구에서 1에서 30 사이의 수 하나를 마음 속으로 생각하라고 한다.
2. 그리고 다음 페이지에 있는 숫자 덩어리들 중 그 수가 들어 있는 덩어리들을 알려 달라고 한다.
3. 그리고는 숫자의 영혼이 씌인 덩어리들을 응시하면서 그 숫자들이 당신에게 텔레파시를 보내 오고 있다고 말한다.
4. 그리고 친구가 마음 속으로 생각한 그 수를 말해 준다!
5. 안락 의자와 찬물 한 컵을 미리 준비해 두도록! 친구가 충격에서 깨어나는 데 필요할지도 모르니까.

어떻게 된 조화일까? 각각의 숫자 덩어리에 눈이 두 개씩 붙어 있는 것이 보일 것이다. 눈 바로 위에 있는 숫자를 잘 보도록. 그리고 친구가 가리킨 덩어리들에서 눈 위에 있는 숫자들을 모두 더하면 된다(숫자 덩어리들에서 4와 같이 어떤 숫자는 단 한 번밖에 나타나지 않지만, 어떤 숫자는 여러 차례 나타난다. 예컨대, 23은 네 덩어리에 포함돼 있다).

한편, 열차 강도들은 ……

찰칵 하는 소리와 함께 선로 변경 장치는 다시 원래대로 돌아갔다.

"해리가 신호탑에서 레버를 잡아당긴 것 같군." 가브리아니가 말했다. "지금까지는 모든 게 순조롭군요, 두목?"

"자, 서둘러." 보첼리가 말했다. "해가 뜨기 전까지 이 열차를 위장해야 해."

면도날 보첼리는 부하들이 나뭇가지들과 잎들을 탈취한 열차 위에다 갖다 뿌리는 것을 지켜 보았다. 그렇지만 속으로는 일말의 불안이 가시지 않았다. 일이 너무나도 순조롭게 진행되는 것이 오히려 이상했다. 계획대로 소 떼가 철로를 지나가자 열차가 멈춰 섰고, 기관사와 화부는 그들을 위해 열차를 폐광으로 향하는 측선으로 옮겨 준 다음에 달아났다. 비록 동전이긴 하지만, 1500만 달러를 손에 넣는 데 성공한 것이다. 그러나 보첼리는 동전을 좋아하지 않았다.

전기톱 찰리가 화차 중 하나에서 옆에 작은 덧문이 나 있는 것을 발견했다.

"두목!" 찰리가 불렀다. "이것 좀 봐요. 이 곳이 느슨해요."

보첼리는 다른 사람들과 함께 그 곳으로 갔다. 찰리는 돌을 가지고 그 덧문을 두들겼다. 잠시 후, 그 덧문이 부서지더니, 동전이 와르르 쏟아져 나왔다.

"잭폿이야!" 족제비 위즐이 소리쳤다.

"서둘러, 멍청이들아!" 면도날 보첼리가 외쳤다. "저 동전을 어디다 담아 나를 거야?"

"위즐, 이리로 와 봐." 찰리가 불렀다. "네 바지가 필요해."

위즐은 불평을 늘어놓았지만, 이미 다른 사람들이 위즐을 끌어당겨 화차에서 흘러나오는 동전들을 그의 바지 뒤쪽에다 담았다.

"으. 차가워!" 위즐이 소리쳤다.

"위즐의 넥타이를 풀어 바짓가랑이를 단단히 묶어!" 보첼리가 말했다. "돈을 땅에 버려서는 안 되지."

쏟아져 나오던 동전들이 서서히 줄어들더니 결국 멈췄다.

"이봐, 위즐! 너 왜 키가 작아지는 거야?" 외손가락 지미가 물었다.

"키가 작아지는 게 아니고, 가라앉는 거야!" 전기톱 찰리가 말했다.

바지 속에 가득 채운 동전의 무게 때문에 위즐이 땅 속으로 가라앉고 있었다.

"위즐을 붙잡아!" 보첼리가 명령했다. "그 바지 속에는 거금이 들어 있어!"

"2714달러예요. 내가 세어 봤거든요." 넘버스가 말했다.

"이 물건부터 옮겨야겠어." 보첼리가 말했다. "위즐을 차로 데려가!"

그들이 이리저리 뛰어다니는 소들 사이로 위즐을 들고 갈 때, 위즐이 헐떡거리며 물었다. "이봐, 넘버스. 1500만 달러에는 2714달러가 몇 개나 들어 있어?"

"5526개하고도 약간 더."

그러자 면도날 보첼리가 끼어들었다. "제발 이제 수학에 관한 이야기는 그만 해!"

"그렇지만 두목," 위즐이 불평을 털어놓았다. "다른 좋은 방법을 생각해 내야겠어요. 그렇지 않으면, 소 떼들이 들끓는 이 곳에서 나를 들고 5500번 이상 왔다갔다해야 한다구요."

"그건 너무 많아!" 지미가 말했다.

"더 적게 왔다갔다할 수 있는 방법이 있어요!" 전기톱 찰리가 말했다.

"어떻게?"

"위즐에게 좀더 큰 바지를 사 주는 겁니다."

트롤의 수수께끼와 죽음의 섬

당신이 잘못한 것은 아무것도 없다. 그저 살다 보면 누구에게나 그런 일이 닥칠 수 있을 뿐이다.

당신은 숲에서 기분좋게 꽃을 꺾다가 오래 된 나무 뿌리에 걸려 넘어지면서 네버월드로 통하는 구멍 속으로 떨어지고 말았다.

정신을 차리고 주위를 둘러 보니, 벽에는 신비스러운 도형들이 그려져 있다. 그 때, 어두운 구석에서 외마디 소리가 들려 왔다.

"안 돼요! 이건 풀 수가 없어요!"

"그러면 넌 죽어야 해!" 전설 속의 괴물 트롤(북유럽의 전설에 나오는, 땅 속이나 동굴에 산다고 하는 괴물)이 낄낄대며 말했다.

"제발 한 번만 더 기회를 주세요."

그 사람은 수 년 전에 이 구덩이에 빠져 트롤에게 붙잡힌 농부였다. 제발 땅 위로 보내 달라고 농부가 애원했지만, 트롤은 그러려면 자기가 낸 수수께끼를 풀어야 한다고 했다.

"벽에 있는 도형 중 하나를 선택하라. 그리고 여기 기다란 끈이 있다. 이 끈으로 네가 선택한 도형과 똑같은 모양을 만들어야 한다. 단, 한번 왔던 길을 되돌아가 끈이 두 겹이 되어서는 안 된다."라고 트롤은 말했다.

농부가 선택한 도형은 이것이었다.

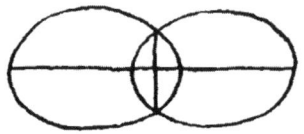

이 수수께끼를 푸는 것은 처음부터 불가능한 것일까, 아니면 농부가 굼뜬 것일까?

이러한 수수께끼들은 재미삼아 풀어 보기에 아주 좋다(단, 전설 속의 트롤에게 위협을 받지 않는 한).

끈을 사용하는 대신에 대개의 경우에는 연필을 떼지 않고 한 번에 도형을 그린다. 여기에는 두 가지 조건이 따른다.

● 연필을 종이에서 떼어서는 안 된다.
● 한번 지나왔던 선을 다시 지나가서는 안 된다.

이것을 '한붓그리기'라 하는데, 고전적인 예는 편지 봉투 퍼즐이라고 부르는 것이다. 그것은 다음과 같은 편지 봉투 모양의 도형이다.

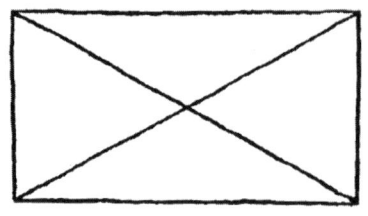

연필을 떼지 않은 채 한번 지나온 선을 다시 지나지 않고 이것을 그릴 수 있는가?

그 답은 '할 수 없다' 이다.

※ **참고** : 잘난 체하는 어떤 사람이 할 수 있다고 말한다면, 그것은 거짓말이다. 그것을 할 수 있는 방법은 종이를 접거나 나중에 선을 지우거나 가끔 글이 쓰여지지 않는 필기구를 사용하는 것뿐이다. 그런 사람은 대개 친구가 아무도 없으며, 엘리베이터 문에 괜히 손이 끼이곤 하는 사람이다.

자, 이제는 다음과 같이 펼쳐진 봉투를 살펴보자.

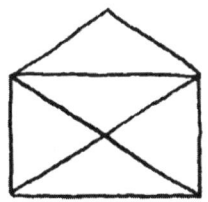 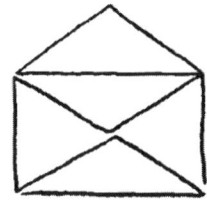

맨 밑의 두 점 중 어느 하나에서 시작하여 나머지 한 점에서 끝나도록 그리면 한붓그리기가 가능하다.

한붓그리기가 가능한지 불가능한지 알 수 있는 방법

그 비법은 선들이 서로 만나는 모든 점들을 자세히 살펴보는 데 있다(그러한 점들을 '결절점' 이라 한다).

닫힌 봉투 도형에는 모두 5개의 결절점이 있다. 그 중 4개는 네 모퉁이에 있으며, 각각의 점에서 모두 3개의 선이 뻗어 나가고 있다. 그리고 중앙에도 결절점이 하나 있는데, 거기에서는 4개의 선이 뻗어 나가고 있다.

짝수 개의 선이 뻗어 나가고 있는 결절점들은 싹 무시해 버려라. 그러니까 닫힌 봉투 도형에서는 중앙에 있는 결절점을 무시할 수 있다.

여러분이 파악해야 할 것은, 홀수 개의 선이 뻗어 나가는 결절점이 몇 개 있느냐 하는 것이다.
- 닫힌 봉투 도형에는 그러한 홀수 결절점이 모두 4개 있다.

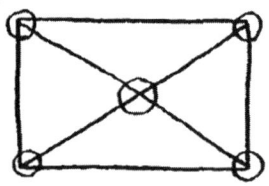

그리고 이번에는 열린 봉투 도형을 보면서 위에서 배운 것을 적용해 보자. 짝수 개의 선이 뻗어 나가는 결절점은 모두 무시할 수 있으므로,
- 열린 봉투 도형에는 홀수 결절점이 2개 있다.

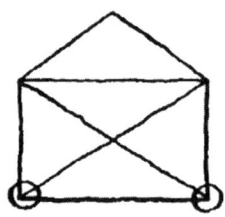

이젠 이 사실을 기억해 두라. 홀수 결절점이 2개 이하인 도형은 한붓그리기가 가능하다.

특별한 결절점의 경우
- 홀수 결절점이 하나도 포함돼 있지 않을 경우, 어떤 점에서 출발하더라도 한붓그리기를 할 수 있으며, 출발점에서 끝난다.

● 홀수 결절점이 2개일 경우, 그 중 하나에서 출발하면 다른 홀수 결절점에서 끝난다.

다시 말해서, 다음 그림은 한붓그리기가 가능하다.

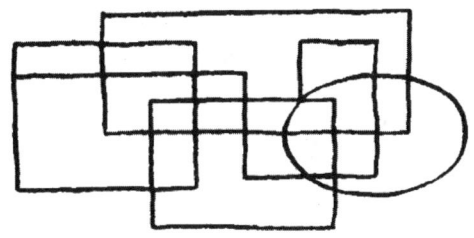

이것은 홀수 결절점이 2개뿐이다.(둘 다 찾을 수 있겠는가?)

네버월드로 돌아가기 전에 두 가지 사항을 더 알아야 한다.
1. 선이 바깥으로 뻗쳐 있는 경우, 그 선의 끝부분도 하나의 홀수 결절점으로 간주해야 한다.

다음을 보라.

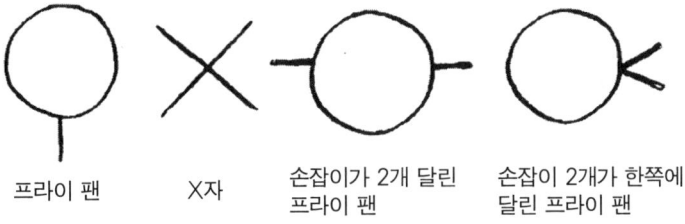

프라이 팬   X자   손잡이가 2개 달린 프라이 팬   손잡이 2개가 한쪽에 달린 프라이 팬

첫 번째 프라이 팬은 홀수 결절점이 2개이다. 따라서, 종이에서 연필을 떼지 않고 한붓그리기가 가능하다.
X자 모양은 홀수 결절점이 4개이므로 한붓그리기가 불가능하다. 손잡이가 둘 달린 냄비는…… 직접 해 보라. 너무 너무 쉬우니까.

2. 홀수 결절점의 개수는 항상 짝수 개이다! 왜냐 하면, 선은 항상 양쪽에 끝이 2개 있기 때문에. 선을 몇 개 마음대로 그려 놓고 홀수 결절점의 수를 세어 보라. 그것은 항상 짝수 개지 뭐.

자, 그러면 네버월드로 돌아가자. 농부가 선택했던 도형을 다시 쳐다보라. 거기에는 홀수 결절점이 모두 몇 개나 있는가?

어쨌든, 이제는 당신 차례이다. 트롤은 당신에게 고개를 돌렸다.

"원하는 도형을 선택하라." 그는 무서운 목소리로 으르렁거린다.

벽에는 다음과 같은 도형들이 있다. 여기서 무사히 빠져 나가려면 어떤 도형을 골라야 할까?

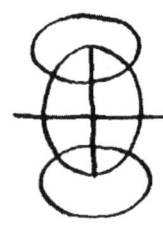  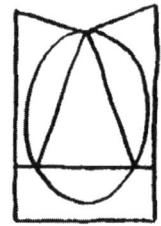

물론 당신은 똑똑하니까 제대로 된 도형을 골라 네버월드에서 무사히 빠져 나온다. 그러나 숲에서 빠져 나가려고 서둘다가 그만 길을 잘못 들어 '내멋대로'라는 엉뚱한 도시로 가고 말았다.

환경 재앙이 닥친 '내멋대로' 도시

　도시의 중앙에는 '막버려' 호수라는 아주 더러운 호수가 있다. 사람들이 자기 편한 것만 생각하느라 환경을 등한시해 수년 동안 온갖 쓰레기들이 호수로 흘러들어왔고, '철철', '좔좔', '질질'이라는 세 섬에는 방사성 폐기물과 생물학 폐기물이 잔뜩 쌓였다.

　섬들은 다음 지도에서 보는 것처럼 8개의 다리를 통해 육지 및 다른 섬들과 연결돼 있다.

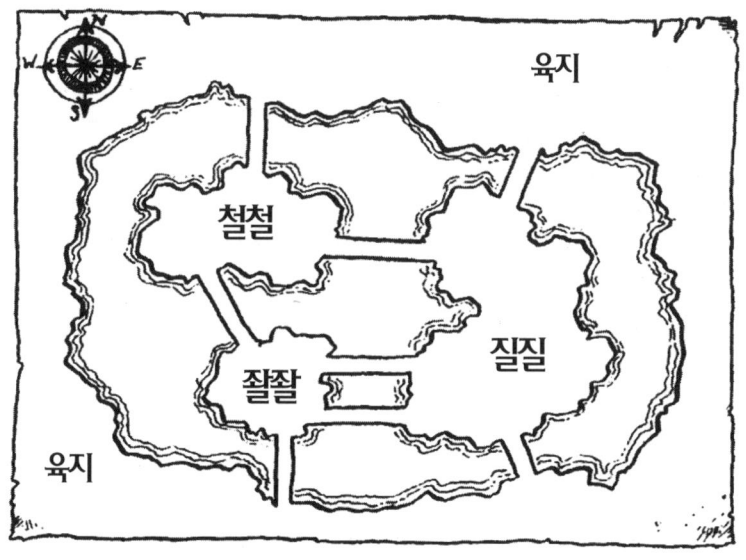

　칠흑같이 어둡고 역겨운 냄새가 풍기던 어느 날 밤, 별안간 들려 오는 무시무시한 신음 소리에 온 도시 사람들은 잠을 깼다. 그것은 섬들에 쌓인 폐기물이 돌연 변이를 일으키는 소리였다. 그것은 끔찍하게 생긴 '싹쓸이'라는 괴물로 변했다. 싹쓸이는 무서운 질병과 굶주림을 퍼뜨리면서 사람들에게 재앙을 가져다 준다.

이 재앙을 피할 수 있는 유일한 방법은 다리들을 파괴하는 것뿐이다. 용감한 당신이 당연히 그 일을 하겠다고 자청하고 나선다. 주어진 조건들은 다음과 같다.
- 다행히도 도로 공사용 증기 롤러를 사용할 수 있다.
- 다리를 부수기 위해서는 증기 롤러를 타고 그 다리 위를 지나가기만 하면 된다.
- 일단 증기 롤러를 몰고 다리를 지나가면 그 다리가 파괴되므로, 다시는 그 다리를 지나갈 수 없다.
- 육지에서 출발하여 육지로 돌아와야 한다(중간에 육지에 들르는 것은 자유).
- 주차 위반 딱지를 떼지 않도록 주의할 것.

8개의 다리를 단 한 번씩만 지날 수 있는 방법을 생각해 낼 수 있는가?

머릿속에서 거대한 증기 롤러를 몰고 다리를 부수는 방법을 몇 시간 동안 고민한 후에야 당신은 이 일을 완수하는 것이 불가능하다는 사실을 깨닫게 된다. 어떻게 하더라도 다리 하나가 항상 남게 되며, 그 결과 당신은 한 섬에 갇히게 된다.

당신이 마침내 포기하려고 할 때, 한 괴짜 백만 장자가 이렇게 말했다. "내가 다리 하나를 빨리 만들어 주면 도움이 되지 않겠소?"

그 말을 들은 내멋대로의 시민들은 야단법석이다.

"우린 다리를 허물려고 고민하는 판에 다리를 하나 더 세우라고요?" 시장이 말했다. "우린 다리는 더 이상 필요하지 않단 말이오!"

"그렇지만 증기 롤러가 새로 만든 다리 위를 지나간다면, 그것도 다른 다리들처럼 무너지고 말 텐데요······," 라고 백만 장자가 설명했다.

사람들 사이에 '멍청이', '얼간이'와 같은 말들이 흘러나왔다. 그 때, 당신에게 번쩍 하고 영감이 떠올랐다. 이것은 네버월드에서 보았던 것과 같은 종류의 문제가 아닌가!

다리들의 지도를 살펴보라. 모든 다리를 단 한 번씩만 지나가야 한다. 이것은 트롤이 낸 수수께끼의 도형을 한붓그리기로 그리는 것과 같다.

문제를 간단하게 만들기 위해, 다리들의 지도를 다음과 같이 단순한 모양으로 바꾸어 보자.

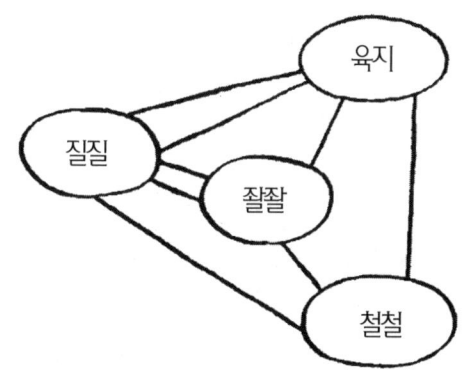

선은 다리를 나타낸다. 예를 들면, 육지에서 질질섬으로 연결되는 다리는 2개가 있다. 그래서 앞의 지도에서 그것은 2개의 선으로 나타나 있다. 철철섬에서 좔좔섬으로 연결되는 다리는 하나뿐이므로 지도에서도 하나의 선으로 표시돼 있다.

이제 이 지도를 트롤의 수수께끼 도형처럼 취급할 수 있다. 여기서 섬들과 육지는 바로 결절점에 해당한다! 그러면 좔좔섬과 육지에서는 뻗어 나가는 선의 수가 짝수이고, 철철섬과 질질섬에서 뻗어 나가는 선의 수는 홀수라는 사실을 알 수 있다. 그러니까 홀수 결절점이 2개이다. 몇 페이지 앞의 '특별한 결절점의 경우'를 참고하라. 철철섬에서 출발해 질질섬에서 끝나는 것으로 증기 롤러를 몰고 다니면, 모든 다리를 한 번씩만 지나가는 것이 가능하다는 사실을 알 수 있을 것이다.

그런데 여기서 문제는 육지에서 출발해 마지막에 다시 육지로 돌아와야 한다는 것이다. 그렇지 않으면 썩은 냄새를 풍기는 싹쓸이 괴물이 당신을 죽이고 말 것이다. 그러면 '특별한 결절점의 경우'를 다시 살펴보라. 만약 홀수 결절점이 하나도 없다면, 당신은 원하는 곳에서 출발하여 그 곳으로 돌아올 수 있다. 괴짜 백만 장자가 제안한 것은 바로 이것이었다. 철철섬과 질질섬 사이에 다리를 하나 더 놓는다면…….

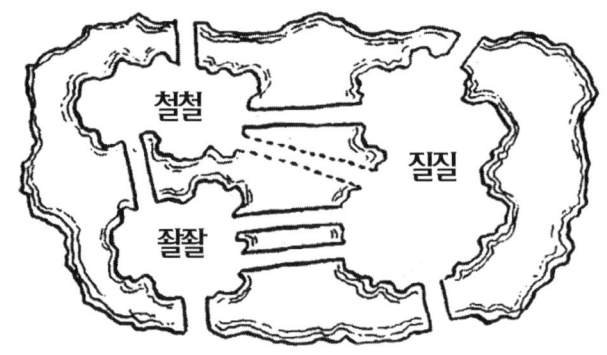

그러면 철철섬과 질질섬에는 모두 짝수 개의 다리가 연결된다는 것을 의미하며, 두 섬은 더 이상 홀수 결절점이 아니다. 이제 홀수 결절점은 하나도 없으므로, 당신은 원하는 곳에서 출발하여 그 곳으로 다시 돌아올 수 있다. 즉, 육지에서 출발하여 다시 육지로 돌아올 수 있는 것이다.

 직접 한번 해 보라! 이제 당신은 모든 다리를 부수고(새로 놓은 것까지), 무사히 육지로 돌아옴으로써 무시무시한 싹쓸이 괴물들로부터 도시를 구할 수 있을 것이다.

제파티 왕국의 룬 왕과 신비의 마방진

옛날옛날 아주 먼 곳에 제파티 왕국이라는 나라가 있었단다. 제파티 왕국의 룬 왕은 역대 왕들 중 가장 부자였지. 그런데 그가 그렇게 큰 부자가 될 수 있었던 데에는 무서운 비밀이 있었단다……

룬 왕이 사는 궁전에는 60개의 큰 방이 있었고, 각 방에는 룬 왕의 멋진 아들들이 한 명씩 살고 있었지. 아니, 정확하게 말하면, 하나의 방은 빼고서 그랬지. 룬 왕은 아들이 59명밖에 없었거든. 왜 59명밖에 없었냐고? 옛날의 구식 세탁기로 많은 빨래를 감당해 내지 못하게 되자, 아내가 "이제 그만!"이라고 선언해 버렸기 때문이지.

그래서 한 방에는 룬 왕의 아들 대신에 긴지라는 괴물이 살게 되었단다. 긴지는 혀가 세 개 달린 징그러운 독사로, 인간의 부드러운 살점을 아주 좋아한단다.

세월이 흐르면서 많은 집안에서 딸을 룬 왕의 아들에게 시집보내고 싶어했지. 막대한 지참금을 지불하면, 신부는 60개의 방 중 하나를 선택해 들어갈 수 있었어. 만약 그 방에 룬 왕의 아들이 살고 있으면, 바로 그 다음 날 결혼식을 올려 주겠다고 룬 왕은 약속했지.

그렇지만 긴지가 사는 방문을 여는 순간, 신부는 긴지의 밥이 되고, 막대한 지참금은 그냥 룬 왕의 차지가 되었지. 그런데 이상하게도, 룬 왕의 아들과 결혼한 신부는 한 명도 없었어. 그러니까 그 수많은 신부들이 모두 긴지의 뱃속으로 들어갔던 거지.

와우! 섬뜩한 이야기지? 그런데 어떻게 신부들이 모두 긴지의 방을 선택했을까? 신부들이 긴지의 방을 선택할 수밖에 없었던 비밀이 있었다.

60개의 방에는 1부터 60까지의 번호가 매겨져 있었다. 그리고 신부에게 '신비의 마방진'이 새겨져 있는 커다란 석판을 보여 주었다.

그리고 신부에게 석판에 새겨진 숫자 중 하나를 선택해 동그라미를 치라고 한다. 그런 다음, 그 숫자의 옆과 위아래 방

향에 있는 모든 숫자들을 지운다. 예를 들어 위에서 셋째 줄에 있는 13을 신부가 선택했다고 하자. 그러면 13에 동그라미를 치고, 아래 그림처럼 옆과 위아래에 있는 숫자들을 지운다.

그 다음, 남아 있는 숫자들 중에서 또 하나를 선택하라고 한다. 이번에는 1을 선택했다고 하자. 다시 거기에 동그라미를 치고, 마찬가지 방법으로 옆과 위아래 방향에 있는 모든 숫자들을 지운다.

마찬가지 방법으로, 또 하나의 숫자를 선택한다.(이번에는 10을 선택했다고 하자.) 그러면 이제 남아 있는 숫자는 4개밖에 없다.(그래서 이번에는 8을 선택했다고 하자.) 그러면 마지막으로 하나의 숫자만이 남게 되는데, 그것도 동그라미를 친다. 이 예에서 그 마지막 숫자는 7이 될 것이다.

156

그러면 동그라미를 친 숫자들을 전부 더한 결과가 신부가 들어가야 할 방의 번호가 된다. 이 경우에는 13+1+10+8+7=39가 된다.

깜짝 놀랄 비밀이 여기에 숨어 있다. 처음에 신부가 어떤 숫자를 선택하든지 간에 상관 없이, 그리고 그 다음에 어떤 숫자들을 선택하든지 간에 상관 없이, 동그라미를 친 숫자들을 모두 더한 결과는 언제나 39가 된다!

맨 처음에 신부가 6을 선택했다고 하자. 그리고 그 다음에는 7, 4, 12를 차례로 선택했다고 하자.

그러면 맨 마지막에 남는 숫자는 10이므로, 그것들을 모두 더하면 6+7+4+12+10=39!

이러니 룬 왕이 부자가 된 것은 당연하다! 그는 단지 39호

실에 긴지를 넣어 두고 점심을 금방 먹어 치울 수 있게 미리 굶겨 두기만 하면 됐다.

신비의 마방진을 만드는 비밀

자신이 원하는 어떤 수가 나오도록 신비의 마방진을 만드는 것이 가능하다. 이것을 친구들에게 써 먹으면 모두들 깜짝 놀랄 것이다(만약 당신이 59명의 잘생긴 아들과 긴지 괴물을 한 마리 가지고 있다면, 돈도 엄청 벌 수 있을 것이다). 처음에는 약간의 연습이 필요하지만, 일단 요령을 터득하면 당신은 그것을 재빠르게 사용할 수 있으며, 친구들을 깜짝 놀라게 해 줄 수 있다.

준비할 것은 25개의 사각형이 그려진 종이와 볼펜이나 연필 한 자루, 그리고 어리숙한 친구 하나.

25개의 사각형이 그려진 종이   볼펜   어리숙한 친구

친구에게 신비의 수로 어떤 것이 좋겠느냐고 물어 그것을 적으라고 시킨다. 신비의 수는 20보다 큰 수는 어떤 것이라도 괜찮다(그러나 너무 큰 수를 사용하면 좀 복잡해진다). 친구가 27이라는 수를 선택했다고 하자.

먼저, 가장 간단한 신비의 마방진부터 소개할까?

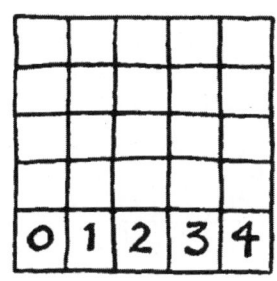

1. 맨 아랫줄의 빈 칸들에 0, 1, 2, 3, 4라는 숫자를 적어 넣는다. 지금부터는 약간의 연습이 필요하다.
2. 친구가 선택한 수에서 10을 뺀다. 친구가 선택한 수가 27이므로 그 결과는 17이 된다.
3. 이 수를 4개의 수로 쪼갠다. 예컨대, $2+3+5+7=17$이므로 2, 3, 5, 7을 선택할 수 있다.(4개의 수가 각각 다르고, 합해서 17이 되기만 하면 어떤 수라도 상관 없다.) 이것을 머릿속에서 척척 해낼 수 있도록 연습하라.
4. 이 4개의 수를 0 위쪽의 줄에다 적는다. 순서는 마음대로 해도 상관 없다.

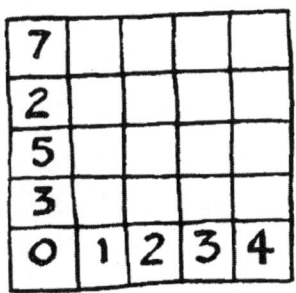

5. 나머지 빈 칸들을 단순히 수를 하나씩 세어 나가는 방법으로 채워 넣는다. 예를 들면, 7이 적힌 줄에는 8, 9, 10, 11을 적어 넣는다.

```
 7  8  9 10 11
 2  3  4  5  6
 5  6  7  8  9
 3  4  5  6  7
 0  1  2  3  4
```

이제 됐다! 이제 친구에게 마방진에 있는 수 중 원하는 것을 아무거나 고른 다음, 거기에 동그라미를 치게 한다. 그리고 그 옆 방향과 위아래 방향에 있는 모든 수들을 지우게 한다. 그런 식으로 계속해 나간 다음, 동그라미가 쳐진 5개의 수를 모두 더하면 그 답은 항상 27이 된다!

만약 신비의 마방진을 크게 만든다면, 연필로 숫자들을 지우는 대신에 바둑돌(또는, 당신이 부자라면 동전을 사용해도 된다)을 숫자들 위에 놓아 가릴 수도 있을 것이다. 그러면 그것을 가지고 몇 번이고 다시 다른 숫자들을 가지고 해 볼 수 있다. 그래도 그 결과는 항상 27이 된다! 친구는 매우 신기해 할 것이다!

가장 간단한 신비의 마방진을 마스터했으므로, 이제 훨씬 더 신기한 마방진을 소개한다.

만약 친구가 맨 처음에 당신이 맨 밑줄에 0, 1, 2, 3, 4라고 써 놓은 것에 의심을 품는다면, 이 방법을 써 먹어 보라.

1. 시작하기 전에 친구에게 25개의 빈 칸 중에 어떤 것이 가장 마음에 드느냐고 묻는다. 그리고 거기다가 0을 적어 넣는다.

 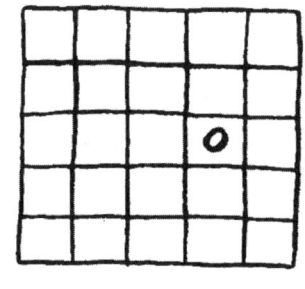

2. 그런 다음, 그 옆줄에 있는 빈 칸들에 1, 2, 3, 4를 순서에 상관 없이 적어 넣는다.

 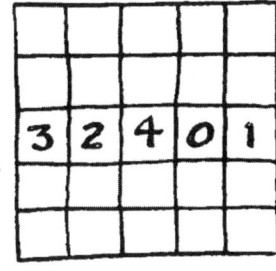

3. 그 다음에는 필요한 나머지 4개의 숫자를 앞에서와 마찬가지 방법으로 구한다. 이번에는 친구가 41이라는 수를 선택했다고 하자. 그러면 앞에서와 같이, 41에서 10을 빼 주어 31을 얻는다.

4. 이제 31을 4개의 수로 나눈다. 다른 방법들도 있겠지만, 여기서는 11+5+7+8 = 31이므로, 11, 5, 7, 8을 선택했다고 하자.

5. 이 숫자들을 0의 위아래 방향으로 순서에 상관 없이 채워 넣는다.

6. 나머지 빈 칸들을 앞에서 했던 것과 같이 순서대로 채워 넣는다. 다만, 이번에는 1, 2, 3, 4의 칸 위(또는 아래)에 순서대로 적어 넣는 데 주의해야 한다. 예를 들어 맨 윗줄을 보자. 0이라는 숫자가 있는 줄에 7이 들어 있다. 그렇다면 맨 윗줄에는 8, 9, 10, 11의 숫자들이 들어가지만, 1의 줄에 8, 2의 줄에 9, 3의 줄에 10, 4의 줄에 11을 적어 넣어야 한다.

41이라는 수에 대해 완성된 신비의 마방진은 아래와 같다.

자, 어때? 별로 어렵지 않지만, 어리숙한 친구가 그 비밀을 짐작하기는 거의 불가능하다. 게다가, 맨 처음에 0을 적어 넣는 칸을 자신이 직접 선택했으니, 친구는 더더욱 얼떨떨해 할 것이다.

이 트릭에는 한 가지 더 놀라운 사실이 있는데, 그것은 어리숙한 친구뿐만 아니라 똑똑한 친구도 어리둥절하게 만들 수 있다는 것이다!

한편, 루이기 식당에서는 ······

베니는 카운터 뒤에서 안절부절못하며 서성대고 있었다. 12번 테이블에 앉아 있는 험상궂은 손님들을 너무나도 잘 알기 때문이었다. 지난번에 그들이 식당을 찾았을 때 퍼부은 총탄 세례의 흔적이 아직 바닥에 남아 있어, 베니는 손님들에게 토마토 케찹을 흘린 자국이라고 변명해야 했다. 그러면 사람들은 베니를 흘끗거리며 칠칠치 못한 웨이터라고 수군거렸다. 그렇지만 이번에는 우아해 보이는 숙녀와 자리를 함께 했으니, 점잖게 행동하겠지 하고 베니는 희망 섞인 기대를 했다.

"자, 여기 있어, 돌리." 면도날 보첼리가 말했다. "보석금에다가 이자까지 더한 금액을 수표 한 장으로 끊었어."

"모두들 잘 했어요." 이렇게 말하면서 돌리는 수표를 접어서 하이힐의 비밀 뚜껑을 열고 그 속에다 집어넣었다.

"그 많은 동전을 은행에 옮기는 것은 정말 힘든 일이었어." 가브리아니가 말했다.

"그랬어요?" 돌리가 킥킥대며 말했다. "그런데 위즐, 댁의 바지는 왜 그래요? 서커스단의 천막 같잖아요?"

"더 이상 묻지 마."라고 위즐이 말했다. 그는 엄청나게 큰 바지의 허리띠 너머로 고개를 내밀고 있었다.

"이제 모든 빚을 청산했으니, 우리 갈 길을 가야지." 보첼리가 말했다.

"서두를 필요가 뭐 있나요?" 돌리가 말했다. "이 수표가 누구에게 가는지 알고 싶지 않으세요?"

사내들은 불안한 눈빛으로 서로를 쳐다보았다. 그 때, 문이 열리더니, 누군가가 들어왔다.

"좋은 저녁이군, 여러분." 그것은 교도소장이었다. "오랜만이야."

"매부리 교도소장이잖아!" 전기톱 찰리가 놀라 소리쳤다.

"진정해." 면도날 보첼리가 말했다. "우린 빚을 다 청산했다구. 그러니 그도 우리를 손댈 이유가 없어."

"빚을 다 청산했다고?" 교도소장이 빈정대듯이 말했다. "그게 사실이야, 돌리 양?"

"단 1센트도 갚지 않았어요, 자기." 교도소장이 열고 들어온 문을 닫으러 갔던 돌리가 이렇게 말하는 것이 아닌가!

"그게 사실이야?" 교도소장이 말했다. 그리고 외투 속에서 25구경 9연발 다표적 자동 기관총을 꺼냈다.

"오! 하느님!" 가브리아니가 비명을 질렀다.

"1초에 85발이 발사되는 총이야." 넘버스가 중얼거렸다. "정말 멋진 총이지."

"돌리와 내가 상황을 파악한 바로는," 교도소장이 느릿느릿 말했다. "너희 일곱 명의 죄수는 보석금을 갚지 않았고, 또 녹스 급행 열차를 털었다는 소문이 있더군. 자, 이제 죽음의 계곡이라는 감옥으로 가실까?"

"난 처음부터 음모가 있을 줄 알았어." 면도날 보첼리가 말했다. "설사 천만 달러를 낸다 하더라도, 우리가 보석으로 풀려날 수 없다는 걸 알고 있었어. 게다가, 기관사가 열차를 우리가 원하는 장소에 갖다 세워 주고 달아나 버린 것도……."

"해리의 동생들이었죠." 돌리가 말했다. "우리는 결코 우연이나 운에 승부를 걸지는 않아요."

"꼼짝없이 당했군, 형제들." 보첼리가 말했다. "돌리와 매부리가 우리를 완전히 갖고 놀았어."

"당신은 항상 지는 쪽이었어요, 보첼리." 돌리가 말했다. "당신이 감옥 속에서 죄값을 치르고 있을 때, 매부리와 나는 비행기를 타고 멀리 외국에 가 있겠죠."

"한 가지만 말해 주게." 보첼리가 말했다. "우리가 탈출할 때, 다이너마이트를 던져 넣은 사람은 누구야?"

매부리 교도소장이 빙긋 웃었다.

"내가 그랬지. 너희들은 그 안에서 너무 편안하게 잘 지내는 것 같았거든. 그래서 너희들을 밖으로 끌어 내리려면 뭔가 자극이 필요하다고 생각했지."

돌리가 베니를 불렀다.

"이봐요, 카운터 뒤에 숨어 있는 양반! 가서 셔터를 내려요. 오늘 영업은 일찍 끝내는 거예요."

베니는 허둥지둥 그 말을 따랐다.

"그러고 나서, FBI를 부르시오."라고 교도소장이 말했다.

와장창! 그 때, 갑자기 문이 부서지며 돌리와 교도소장을 덮쳐 깔아 뭉갰다. 그리고 거대한 체구를 가진 사나이가 들어섰다.

"삼겹살 포키!" 사내들은 환호성을 질렀다.

"내가 너무 늦었나?" 넘어진 문짝을 밟고 선 채 포키가 말했다. "마침 저녁을 먹으러 오는데, 문을 일찍 닫고 있지 뭐야. 그래서 문을 닫기 전에 빨리 들어가면 마지막 주문을 할 수 있지 않을까 해서 있는 힘을 다해 달려왔지. 그런데 문은 이미 닫혔지 뭐야. 그래도 뛰어오던 가속도 때문에 멈출 수가 있어야지. 어쨌든 문을 부숴서 미안하네, 베니."

문짝 밑에서 괴로운 신음 소리가 새어 나왔다.

"포키," 면도날 보첼리가 명령했다. "지금 서 있는 자리에서 움직이지 말게. 그리고 지미, 포키에게 의자를 갖다 줘. 그리고 나머지 너희들은 이 테이블을 포키 앞에다 갖다 놓아. 베니, 이 식당 메뉴에 있는 음식들을 모두 3개씩 만들어 가장 몸이 크고 가장 훌륭한 내 부하 앞에 갖다 놓게."

"그렇지만 두목," 포키가 말했다. "모든 음식을 3개씩 다 먹을 자신은 없는데요."

"괜찮아, 포키." 보첼리가 씩 웃으며 말했다. "오늘 밤, 우리는 매부리 위에서 식사를 즐기는 거야."

세 시간 후……. 파티는 아직도 계속되고 있었다.

"……오늘 이 이야기의 백미는," 면도날 보첼리가 말했다. "매부리가 우리 일곱을 잡으러 이 곳에 왔을 때였지. 그런데 그는 우리가 6명뿐이라는 걸 전혀 모르고 있었던 거야."

정말이다. 만약 교도소장이 그들이 몇 명인지 세어 보았더라면, 이 이야기는 다르게 결말났을 것이다. 이것은 가장 간단한 수학조차도 얼마나 끔찍한 결과를 초래할 수 있는지 생생하게 보여 주는 예이다.

앗, 시리즈 (전 70권)

앗, 이렇게 재미있는 수학이!

어렵고 지루했던 수학이 순식간에 쉽고 즐거워집니다.
수학의 기초 원리에서부터 응용까지, 다양한 정보와
교양을 골라서 일목요연하게 정리해 줍니다.

01 수학이 모두 모여 수군수군
02 수학이 수리수리 마술이
03 수학이 수군수군
04 수학이 또 수군수군
05 수학이 자꾸 수군수군 1. 셈
06 수학이 자꾸 수군수군 2. 분수
07 수학이 자꾸 수군수군 3. 확률
08 수학이 자꾸 수군수군 4. 측정
09 대수와 방정맞은 방정식
10 도형이 도리도리
11 섬뜩섬뜩 삼각법
12 이상야릇 수의 세계
13 수학 공식이 꼬물꼬물
14 수학이 꿈틀꿈틀

앗, 시리즈 (전 70권)

앗, 이렇게 재미있는 과학이!

어렵고 지루했던 과학이 순식간에 쉽고 즐거워집니다.
복잡한 현대 과학의 기초 원리에서부터 응용까지
다루고 있으며, 다양한 정보와 교양을 골라서
일목요연하게 정리해 줍니다.

- 15 물리가 물렁물렁
- 16 화학이 화끈화끈
- 17 우주가 우왕좌왕
- 18 구석구석 인체 탐험
- 19 식물이 시끌시끌
- 20 벌레가 벌렁벌렁
- 21 동물이 뒹굴뒹굴
- 22 화산이 왈칵왈칵
- 23 소리가 슥삭슥삭
- 24 진화가 진짜진짜
- 25 꼬르륵 뱃속여행
- 26 두뇌가 뒤죽박죽
- 27 번들번들 빛나리
- 28 전기가 찌릿찌릿
- 29 과학자는 괴로워?
- 30 공룡이 용용 죽겠지
- 31 질병이 지끈지끈
- 32 지진이 우르쾅쾅
- 33 오싹오싹 무서운 독
- 34 에너지가 불끈불끈
- 35 태양계가 티격태격
- 36 튼튼탄탄 내 몸 관리
- 37 똑딱똑딱 시간 여행
- 38 미생물이 미끌미끌
- 39 의학이 으악으악
- 40 노발대발 야생동물
- 41 뜨끈뜨끈 지구 온난화
- 42 생각번뜩 아인슈타인
- 43 과학 천재 아이작 뉴턴
- 44 소름 돋는 과학 퀴즈

이거 상당히 놀랄 만한 이론인데!

앗, 시리즈 (전 70권)

앗, 이렇게 재미있는 사회·역사가!

어렵고 지루했던 사회·역사가 순식간에 쉽고 즐거워집니다. 사회·역사와 담을 쌓았던 친구들에게 생생한 학습 의욕을 불어넣어 줄, 꼭 필요한 정보와 교양만을 골라서 일목요연하게 정리해 줍니다.

- 45 바다가 바글바글
- 46 강물이 꾸물꾸물
- 47 폭풍이 푸하푸하
- 48 사막이 바싹바싹
- 49 높은 산이 아찔아찔
- 50 호수가 넘실넘실
- 51 오들오들 남극북극
- 52 우글우글 열대우림
- 53 올록볼록 올림픽
- 54 와글와글 월드컵
- 55 파고 파헤치는 고고학
- 56 이왕이면 이집트
- 57 그럴싸한 그리스
- 58 모든 길은 로마로
- 59 아슬아슬 아스텍
- 60 잉카가 이크이크
- 61 들썩들썩 석기 시대
- 62 어두컴컴 중세 시대
- 63 쿵쿵쾅쾅 제1차 세계 대전
- 64 쾅쾅탕탕 제2차 세계 대전
- 65 야심만만 알렉산더
- 66 위풍당당 엘리자베스 1세
- 67 위엄가득 빅토리아 여왕
- 68 비밀의 왕 투탕카멘
- 69 최강 여왕 클레오파트라
- 70 만능 천재 레오나르도 다 빈치